国学经典人物故事

陈凯 ◉ 著
蔡佳蕊 ◉ 绘

四川人民出版社

图书在版编目（CIP）数据

国学经典人物故事/陈凯著；蔡佳蕊绘. -- 成都：四川人民出版社，2023.11
ISBN 978-7-220-12987-2

Ⅰ.①国… Ⅱ.①陈… ②蔡… Ⅲ.①国学—名人—人物研究—中国 Ⅳ.①K825.4

中国国家版本馆CIP数据核字（2023）第104892号

GUOXUE JINGDIAN RENWU GUSHI
国学经典人物故事

陈凯 著　蔡佳蕊 绘

出 版 人	黄立新
特约策划	岳海霞
出版统筹	李淑云
责任编辑	李京京
装帧设计	李其飞
责任校对	任学敏
责任印制	周 奇
出版发行	四川人民出版社（成都市三色路238号）
网　　址	http://www.scpph.com
E-mail	scrmcbs@sina.com
新浪微博	@四川人民出版社
微信公众号	四川人民出版社
发行部业务电话	（028）86361653　86361656
防盗版举报电话	（028）86361653
照　　排	四川胜翔数码印务设计有限公司
印　　刷	成都兴怡包装装潢有限公司
成品尺寸	145mm×210mm
印　　张	5.75
字　　数	105千
版　　次	2023年11月第1版
印　　次	2023年11月第1次印刷
书　　号	ISBN 978-7-220-12987-2
定　　价	45.00元

■版权所有·侵权必究

本书若出现印装质量问题，请与我社发行部联系调换
电话：（028）86361653

目录

001 | 第一篇
好谋的晏子

015 | 第二篇
好学的孔子

025 | 第三篇
好玩的庄子

035 | 第四篇
好笑的东方朔

047 | 第五篇
好酒的李白

063 | 第六篇
好哭的杜甫

075 | 第七篇
好强的刘禹锡

089	第八篇	好游的杜牧
101	第九篇	好喻的罗隐
113	第十篇	好新的王安石
125	第十一篇	好吃的苏轼
139	第十二篇	好醉的李清照
151	第十三篇	好悲的陆游
159	第十四篇	好读的朱熹
169	第十五篇	好战的辛弃疾

第一篇 好谋的晏子

晏婴（？—公元前500），亦称"晏子"，字平仲，夷维（今山东高密）人，春秋时期齐国著名政治家、思想家、外交家。

晏婴是齐国上大夫晏弱之子。齐灵公二十六年（公元前556）晏弱病死，晏婴继任为上大夫。历仕灵公、庄公、景公三朝，辅政长达五十余年。他聪颖机智，能言善辩，以有政治远见、外交才能闻名诸侯。其思想和逸事典故多见于《晏子春秋》。

导 语

在春秋战国时期无数的名人中，有一个人显得格外引人注目。他五短身材，却有三寸不烂之舌；他一家之言，却引来诸子百家的普遍认同；他坚持原则，却又灵活多变；他聪明机智而又纯朴自然。他就是著名的智者晏婴，我们也叫他晏子。

晏子是政治家、思想家，还是声名远播的外交家。他反应敏捷，逻辑谨严，和他斗谋略、耍手段，常常会被反击得无话可说，甚至是自取其辱。不信，我们来看看他著名的事迹——晏子使楚。

晏子使楚

晏子奉齐景公的使命，出访楚国。楚国人听说晏子的身材很矮小，便决定羞辱捉弄他一番，给齐国一个下马威。他们在城门一侧开了一个小门，让晏子从

第一篇　好谋的晏子

那里进入。

　　晏子被领到这小门前,他看了一眼就明白了楚国人的意图。他没有恼羞成怒转身离去,反而很认真地说:"这是个狗洞,不是门。只有访问狗国,才会从狗洞进入。我现在是出使楚国,不该从这里进。"负责接待的官员只好打开城门迎接晏子进入。

但楚王羞辱晏子的心依然不死。一计不成，他又生一计。在见到晏子时，楚王故意装作非常惊讶的样子说："哎呀，难道齐国没有人了吗？"晏子正色道："大王怎么这么说呢？我们齐国的都城临淄非常繁华，住满了人。每个人把袖子遮起来，就能把太阳挡住；每个人挥一把汗，就会像下雨一样。大街上人来人往，接踵摩肩，怎么能说齐国没人呢？"

楚王很高兴，他觉得晏子已经掉入了陷阱，便接着说："哦，那为什么派你这个样子的人来出访楚国呢？"说完露出得意的笑容。不过他笑得太早了。只见晏子做出一副很惭愧的样子说："大王您有所不知。我们齐国有一个规定，贤能的人出访贤明的国家，不成才的人出访不成器的国家。我晏子最不中用，您看，这不就被派到楚国来了吗？"

楚王一听，气愤不已，可是这话题是自己挑起来的，只能吃闷亏。不过他心里依然不服气，就又精心设了一个局，看晏子怎么反击。于是楚王找来人，做好了安排。

楚王设宴款待晏子。众人把酒言欢，气氛一度非常融洽。喝了一会儿酒，只见两个差吏押着一个人来到楚王面前。楚王假装关心地问："这个人犯了什么罪？是哪儿的人呀？"差吏回答道："回禀大王，这人犯了盗窃罪,他是齐国人。"

楚王听完后,转头对晏子说:"难道齐国有很多小偷吗?"晏子听了后,起身对楚王施礼说:"大王,我听说柑橘长在淮南,就会结出又甜又多汁的果实。可是一旦种在淮北,就只能结出又苦又涩的果实。这样看来,不是柑橘的问题,而是土壤和环境的关系。齐国人在自己的国家安居乐业、奉公守法,可是一到楚国,就变成了小偷,看来应该是楚国的环境容易让人变坏呀!"

楚王听到这儿,脸上一阵红一阵白,无言以对。没想到,不一会儿工夫,自己的楚国就变成了环境糟糕、最不成器的地方了。楚王赶紧起身给晏子赔不是,心服口服道:"我本想羞辱先生,没想到反倒几次被先生羞辱了。圣人是不可以开玩笑的,我这是自取其辱了。"

你看,这就是外交家的智慧和风采,遇事不慌,针锋相对,以理服人,既维护了自己国家的尊严,也维系了两国之间的关系,在这一点上,晏子称得上国士无双。

二桃杀三士

对待楚王,寸步不让,那是外交家的气度。那在自己的国家,作为政治家,晏子又有什么精彩的表现呢?我们继续往下面看。这个故事很神奇,叫二桃杀三士。

齐景公时期,齐国有三个勇士,分别是公孙接、田开疆和古冶子。这三勇士自认为功高,经常炫耀武力,不讲礼仪,不把别的官员放在眼里,就连晏子从身边经过,也不起身行礼。

晏子认为这三人对上没有君臣大义,对下不讲长幼伦常,对内不能禁止暴乱,对外不能震慑敌人,会成为国家的祸患,向齐景公提议除去三人。齐景公担忧地说:"他们三人都是强悍的勇士,用武力恐怕不容易制服,用刺杀也很难一击致命,很麻烦呀!"晏子笑着说:"哪里需要那么费力,他们虽然都是勇士,却不讲长幼礼节,可以从此突破。"

晏子请齐景公派人赏赐他们三人两个桃子,让他们按照功劳大小来拿桃子吃。

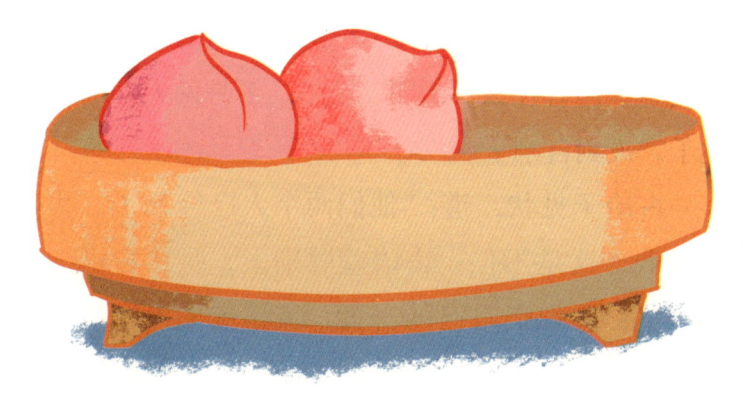

于是三人自述功劳。首先站出来的是公孙接，他说："晏子真是聪明人啊，这是他让景公考校我们的功劳啊，我们有三个人，却只有两个桃子，人多桃少，自然是要按功劳大小来吃桃了。想当年我曾经打败了野猪和正在哺乳的母老虎，像我这样的功劳，可以单独享用一个桃子。"他说完便拿起了一个桃子。

田开疆上前说："我曾两次击退敌军，像我这样的功劳，也可以单独吃上一个桃子。"他说完也拿起一个桃子。

古冶子急忙上前说："我曾经保护主公横渡黄河，河中老鳖咬住国君车驾左边的马，把它拖到河流中间，是我在水里潜行，找到老鳖并把它斩杀，主公才转危为安。我这样的功劳可以单独吃一个桃子，不用和别人分享，你们两个为何不把桃子给我？"他说着抽出了剑。

公孙接、田开疆说道："我等功劳微小，却先您拿了桃子，这就是贪婪；贪婪还活着，这是恬不知耻，哪里还有什么勇敢可言呢？"于是两人都交出了桃子，拔剑自刎了。

古冶子见状，道："他们两个人已经死了，我还独活着，这是不仁；言语羞辱别人，吹捧自己，这是不义；我悔恨自己的言行，又不敢去死，这是不勇。"古冶子也交出了桃子，刎颈而死。

你看，在这个故事里，晏子不动声色，兵不血刃，巧妙地利用三个人居功自傲的心理，为国家除掉了三个隐患，果然智慧过人！几个武将逞匹夫之勇，相互争功，最后自尝苦果，也很令人唏嘘。亲爱的朋友，可要从中吸取教训，戒骄戒躁啊！

挂羊头，卖狗肉

作为政治家，除了要有好手段，还要有大视野；要既能解决朝堂上的危机，也能处理朝堂外的麻烦。这不，齐国出了件奇怪事儿，又轮到好谋的晏子出场了。

齐灵公有一个嗜好，喜欢看妇女穿男人的衣服。为了讨好他，宫中的后妃呀，宫女呀，都脱去裙子，换上了男装。这种风气从宫里传到了宫外，一时间，举国上下的女子，都学着宫里作男装打扮。齐灵公很生气，派人去禁止宫外的女子穿男装，还下令：如果再有女子穿男子的衣服，就当众割裂她的衣服，让她蒙羞。可是这么严厉的法令依然无法制止这种风气的蔓延。齐灵公很郁闷，难道要下令处死她们，才能禁止吗？

齐灵公闷闷不乐地去向晏子请教。晏子对他说：

"处理宫外的事情,不能只盯着外面,还需要看一看宫里面的情况。"看着齐灵公一脸迷惑的样子,晏子接着说:"您只禁止宫外的女子穿男子衣服,可是宫里的女子还照样穿着男子的衣服,这和店门口挂着牛头,而店里却卖着马肉有什么区别呢?您这样的禁令是无法让百姓服气的。只有当宫里的女人穿男子衣服的情况得到制止,宫外的人们才不敢违抗禁令呀!"

齐灵公觉得晏子的话很有道理,于是按照晏子说的去办,齐国果然很快就没有女人穿男人衣服的怪现象了。

这里需要补充说明一点,在晏子的故事里,这个成语其实叫"悬牛首,卖马肉"。我们今天把这个成语叫作"挂羊头,卖狗肉"。这是为什么呢?其实这个变化发生在宋朝,恐怕和当时的饮食文化有关。宋朝以羊肉为美味,大小酒馆都有羊肉销售,做法也比较多,所以如果在挂着羊头招牌的店里买到的却是狗肉,就会有上当受骗的感受。另外,农业社会,牛是非常重要的生产牲畜,而马也是国家战争与交通的保障,这两种动物都受到一定的保护。所以,就把这个成语改成了"挂羊头,卖狗肉",用来表示表里不一的欺骗手段,也比喻用好的名义做坏事。

死马杀人

从对付楚王、处置官员到治理百姓，我们都看到了晏子的智慧与谋略，那如果是齐国的国君犯了错，晏子又该怎么办呢？让我们走进下一个故事——死马杀人事件寻找答案。

有一次，齐景公心爱的一匹马突然死了。齐景公大怒，下令把养马的人抓起来肢解。当时，晏子正好在场。左右武士刚想动手，晏子上来制止，对齐景公说："大王，杀人总得讲究个方法，请问尧、舜肢解人的时候，是从身体的什么部分开始？"尧、舜是传说中的仁君，当然不会因为一匹马而杀人，自然也没有杀人肢解的方法。

齐景公明白晏子的意思，但余怒未消，就说："那就不肢解了，把他交给狱官处死算了。"晏子又对齐景公说："这个人的确该死，但是他还不知道自己犯了什么罪，请让我说说他的罪状，让他知道，然后死个明白，您说好吗？"

齐景公说："好啊，那你就说吧！"晏子就开始细数养马人的罪状："你呀，犯了三条大罪：第一，国君让你养马，你却把马养死，这是一大死罪；第二，所死之马又是国君最喜爱的，这是二大死罪；第三，因为你养死了马而使国君杀人，百姓听说之后一定会怨他，诸侯听说之后一定会轻视我国，这是第三大死罪。今天把你送到监狱，你知罪吗？"

没等到养马的人认罪，齐景公就已经长叹一声，说："把他放了吧！放了吧！不要伤了我的仁爱之名。"

晏子的这个劝谏手段，就叫"正话反说"，明明想要说齐景公不仁，偏要顺着齐景公的思路说明如果行了残暴的事，后果会怎样，巧妙地使齐景公认识到了自己的问题。

晏子在这个故事里的劝谏还是比较委婉的，但有时候，如果国君犯了特别愚蠢的错误，晏子也会直接而无情地批评。我们先来看一段古文：

景公之时，雨雪三日而不霁。公被狐白之裘，坐于堂侧阶。晏子入见，立有间，公曰："怪哉！雨雪三日而天不寒。"晏子对曰："天不寒乎？"公笑。晏子曰："婴闻古之贤君，饱而知人之饥，温而知人之寒，逸而知人之劳。今君不知也。"公曰："善！寡人闻命矣。"乃令出裘发粟，以与饥寒者……

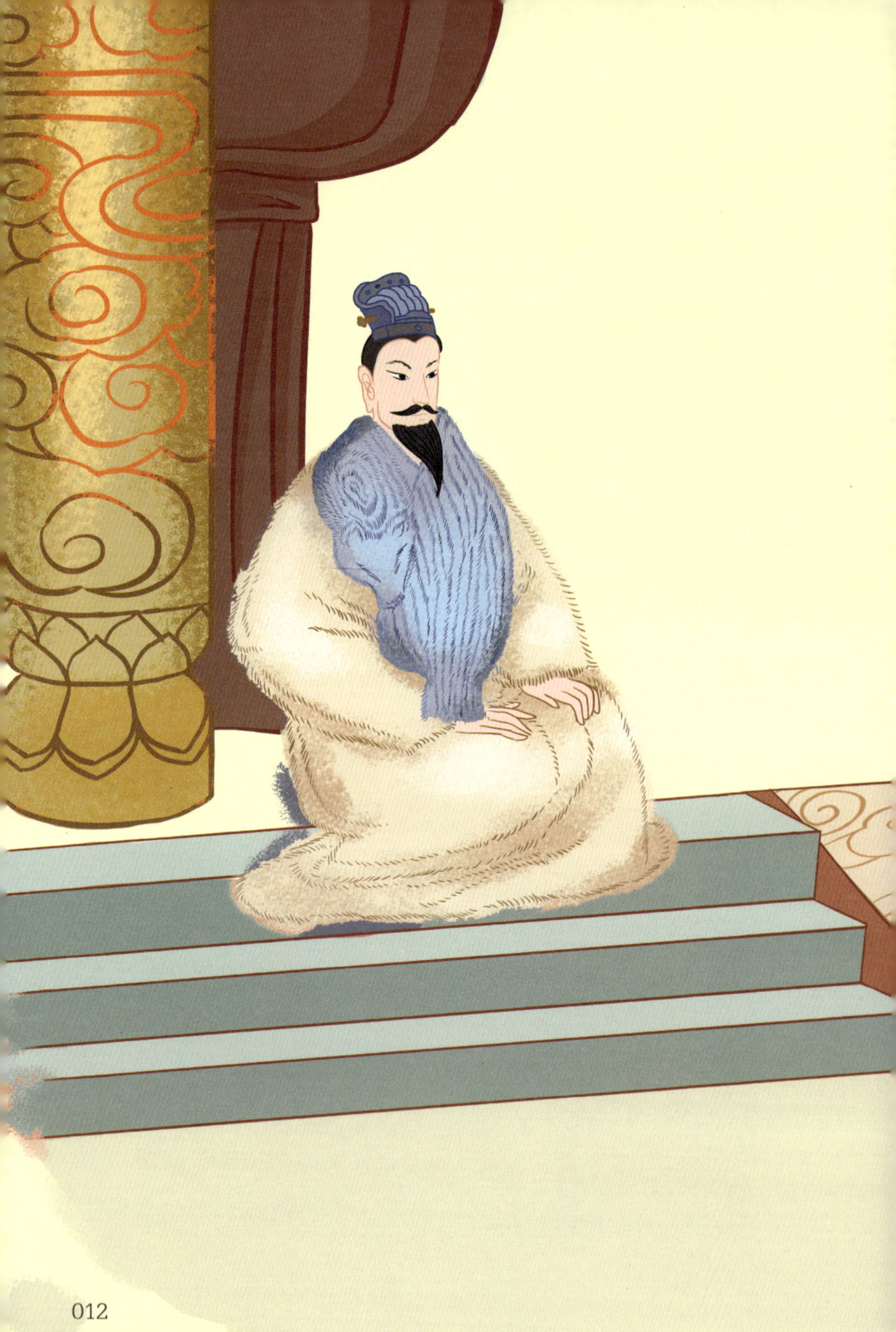

第一篇　好谋的晏子

　　在这个故事里，齐景公犯了什么错，让晏子如此严厉呢？

　　齐景公当政时，有一次，大雪下了三天都没有停。齐景公穿着一件白狐狸皮做成的裘衣，坐在大殿旁的台阶上。晏子来见景公，站了一会儿，齐景公突然说："好奇怪呀，下了三天雪，居然不觉得冷。"晏子盯着齐景公身上的狐裘大衣，反问他："天气是真的不冷吗？"

　　齐景公也不傻，发现自己说了傻话，便想用笑来掩饰尴尬。可是，晏子却不准备这样敷衍过去。

他开启了教育模式，这一段输出很猛烈："我听说，古代贤明的君主，自己吃饱时能想到还有人饿着，自己穿暖时能想到还有人受冻，自己安逸时能想到还有人在辛劳。可是，如今您不知道这些呀！"

齐景公说："你说得对，我受教了，知道该做什么了。"于是，齐景公命人发放衣服与粮食，救济受灾的百姓。

读到这儿，大家应该明白了，晏子为什么这么直接而严厉，因为这关系到了国家的根本，晏子用自己的言行告诉国君：要始终把百姓放在心中。这就是大智慧，也是治国的大谋略。

这样聪明的晏子一共辅佐了齐国的三位君主，为国家服务了五十多年，成为齐国的柱石，也成为齐景公最大的依靠。晏子去世时，齐景公刚好在外地，听到消息后，他不顾一切地赶回首都临淄，一路上换车夫，又弃车奔跑，做出了很多不合礼数的举动。但我们知道，这是因为晏子对齐景公、对齐国实在是太重要了。

《晏子春秋》中，还有很多有趣的智慧故事，你不想再去读读吗？

第二篇 好学的孔子

孔子（公元前551—公元前479），名丘，字仲尼，鲁国陬邑（今山东曲阜）人。春秋末期思想家、教育家、政治家，儒家的创始者。孔子曾修《诗》《书》，定《礼》《乐》，序《周易》，作《春秋》（另有说《春秋》为无名氏所作，孔子修订）。

相传孔子有弟子三千，其中有贤人七十二。孔子去世后，其弟子及其再传弟子把孔子及其门人的问答记录下来，整理编成儒家经典《论语》，这是研究孔子学说的主要资料。

孔子是当时社会上的最博学者之一，在世时就被尊奉为"天纵之圣""天之木铎"，后世尊其为"孔圣人"。

导 语

孔子是儒家学派的创始人,被尊奉为万世师表,他的思想对后世具有深远的影响。孔子为什么能取得如此成就呢?这无疑和他的好学有很大关系,今天我们就来揭秘——好学的孔子。

孔子的好学,不仅体现在别人的评价中,还常常出现在他自己的议论里。可以说,好学是孔子的一个鲜明的标签,是他自信自知的体现。

在《论语》中,孔子曾经这么介绍自己:"十室之邑,必有忠信如丘者焉,不如丘之好学也。"意思是说:一个即使只有十几户人家的小小村落里,也一定能找到像我一样忠信的人,但这些人都不如我好学呀!

还有一次,楚国叶地(今河南叶县南)的统治者叶公向子路打听孔子的为人,子路一时找不到合适的答案，就没有回答。孔子听了后，挺遗憾的，对子路说，以后再有人问起你老师的为人，你就这么说："其为人也，发愤忘食，乐以忘忧，不知老之将至云尔。"在这份孔子自拟的介绍中，他说自己发奋学习时就想不起来吃饭，陶醉于典籍之中忘了烦忧，连自己快要老了都浑然不知。其勤奋好学竟至如此！

孔子说："我非生而知之者。"意思是说他的学识和为人处世之道是后天学来的。那么他是如何求学的呢？

孔子为人谦逊，虚心好问。他主张向一切有学问或有生活实践的人学习。"三人行，必有我师焉。"如果你不信，我们就来讲两个故事吧。

第一个故事是孔子师项橐。《三字经》里用了四句话来描述这件事："昔仲尼，师项橐，古圣贤，尚勤学。"项橐是谁？孔子为什么拜他为师？我们一起来看一看。

相传有一天，子路驾车载着孔子在路上飞驰。突然，在前方的路上出现了一个小孩儿。

小孩儿正在地上玩泥巴，堆砌着一座小小的城堡。子路扯着嗓子大喊："小孩儿，快躲开，车来啦！"谁知，这个孩子头都没抬，依然坐在路上玩耍。子路没办法，只好紧急刹车，差点儿把孔子从车里给摔出去。

车子停下来后，性格粗鲁的子路准备下车教训这个孩子，孔子制止了子路，下车来到小孩儿身边。孔子和蔼地问："小朋友，车来了，你为什么不躲开呀？"谁知小孩儿理直气壮地指着自己的城堡说："爷爷，自古以来，是车子给城市让路，还是城市给车子让路呢？"孔子一听，心里觉得很诧异，他没想到这个小孩儿如此能说会道。

孔子对这个孩子产生了兴趣，决定考考他，想看看他到底有多厉害。于是，孔子接着对孩子说："那爷爷考你几个问题，好吗？"这个名叫项橐的小孩儿一点儿也不胆怯，说："好啊！"孔子就问道："你知道什么山上没有石头？什么水中没有鱼？什么门关不上？什么牛不会生牛犊？……"项橐认真听完，不慌不忙地回答："土山没有石头，井水中没有鱼，空门关不上，泥牛不能生牛犊……"孔子一口气提了四十多个问题，这些问题涉及天文地理、家庭伦理道德等各个方面，内容广泛，项橐都能对答如流，滴水不漏。孔子听了后，连连赞叹。

项橐并不知道自己面对的是人们所尊敬的孔子，就反问了几个问题，结果孔子一个也答不上来。孔子不由得感叹道："后生可畏也。"

孔子又说："我车中有棋，咱们赌一盘输赢吧。"谁知项橐果断拒绝说："我不赌博。天子好赌，天下就不能太平；诸侯好赌，就无心思治理国家；官吏好赌，就会耽误处理案牍；农民好赌，就会错过耕种庄稼的好时机；小孩子好赌，就会被妈妈打屁股。赌博是无聊、无用的事，学它做什么？"孔子听了这些话，由赞赏变成了敬佩，他决定拜项橐为师。七岁的项橐从此名声远扬。不拘泥于对方的年龄、身份，拜七岁的项橐为师，你说这样谦虚好学的孔子，我们怎能不佩服？

第二个故事，是孔子拜师老子。这个故事又讲了什么有趣的内容呢？

据传说，孔子听闻老子学识广博，思想深邃，便动身不远千里去拜访老子，向他学习。孔子带着弟子到达老子的住处时，老子刚洗完澡，在晒晾头发。孔子就恭恭敬敬地等在门外。等了好长时间，老子终于收拾好了头发，出来见孔子。孔子表达了自己的来意。老子却没有说话，他张开嘴指了指自己的牙齿。

老子的年龄很大了，牙齿已经掉光了。接着老子又张开嘴巴，让孔子看他的舌头。孔子点点头，很受启发。又站了一会儿，老子对孔子说："我的学问已经都告诉你了，你可以离开了。"

孔子恭敬地施礼后，便带着弟子离开了。回去的路上，孔子的弟子终于憋不住了，纷纷询问："老师，我们不远千里而来，可是老聃先生就让您看看牙齿，看看舌头就走了。您到底学到了什么呀？"

孔子笑着说:"老聃先生的思想很深奥,他让我看他的牙齿,牙齿本来是人身体上最坚硬的部分,可是却已经掉光了。接着又让我看他的舌头,舌头是身上最柔软的部分,可是老了依然灵活敏捷。先生是想告诉我柔软的也可以战胜坚硬的,这就是辩证观呀!"

除了谦虚,孔子还十分勤奋。有个成语"韦编三绝",讲的就是孔子勤奋好学的故事。春秋时候的书,以竹简为主,一部书要用很多竹简,并需要线编联,用熟牛皮绳编联的就叫"韦编"。孔子"晚而喜《易》",反复读此书,书翻看多了,熟牛皮绳就给磨断了,不得不再换上新的绳子。

孔子有三千弟子,你要问孔子最不能忍受学生什么,那就是懒惰。我们来读一读孔子少有的发怒的故事。

孔子有一个学生,名字叫宰予。这个学生天赋奇高,口才了得,孔子一度认为他会很有出息。可是,这个学生有一个缺点，就是懒惰，喜欢大白天睡大觉。孔子批评他："朽木不可雕也，粪土之墙不可圬也，于予与何诛？"

孔子这话是什么意思呢？他做了两个比喻，都是用来形容宰予的。第一个是朽木，腐朽的木头是没办法雕琢的，因为一雕刻就会烂成木头渣。第二个是说用脏土修建的墙壁不堪粉刷涂抹，怎么都不会好看。他感叹像宰予这样的学生，还有什么好责备的呢？能把孔子气到发这么大的火，说如此重的话，可见孔子对懒惰真是深恶痛绝啊！

孔子大概是最早提倡快乐学习的教育家吧。他曾经说过这样的话："知之者不如好之者，好之者不如乐之者。"这就是强调兴趣对于学习的重要性。

对学习有兴趣、喜欢学习的人，就算处在最糟糕的环境中，也能感受到学习的快乐。孔子最有名的学生叫颜回，孔子曾经这样称赞他："贤哉，回也！一箪食，一瓢饮，在陋巷，人不堪其忧，回也不改其乐！"孔子如此赞赏颜回，就是因为颜回食无求饱，居无求安，沉浸在知识的海洋，快乐无边。

孔子不仅好学，还特别会学。接下来，我们来跟着孔子了解四个重要的学习方法。

默而识之

我们先来熟悉下《论语》中的一句话:"默而识之,学而不厌,诲人不倦,何有于我哉?""默而识之"是说把所闻所见默默记在心里,是在强调记忆这个重要的学习能力。

温故而知新

"温故而知新,可以为师矣。"温习已学的知识,可以从中获得新的体悟。所以孔子又说:"学而时习之,不亦说乎?"就是说学习并时常复习,不是很快乐吗?

每事问

《论语》中记载:"子入太庙,每事问。或曰:'孰谓鄹人之子知礼乎?入太庙,每事问。'子闻之,曰:'是礼也。'"

孔子对周礼十分熟悉,但他在进入太庙时,每一件事情都向人请教。于是有人嘲笑说:"谁说那个叫孔子的家伙懂礼仪的呀?你看,他进入太庙,每件事都向人请教。"本以为这样就能让孔子尴尬、羞愧,哪知道,当孔子听说了这一切后,却淡淡地说:"我这么做就是礼仪的表现呀。"

想想看,孔子那么博学的人,还在每事问,我们难道不应该在生活中、学习上多多发问吗?

学而不思则罔,思而不学则殆

孔子教导学生要会学习和思考。"学而不思则罔,思而不学则殆",学习和思考应该是相辅相成,共同发生的。如果学和思割裂开,只学习,不思考,就会茫然无知而没有收获;如果只思考,不学习,就会心中充满疑惑而没有定见。

了解了孔子好学的秘密,你有没有受到什么启发呢?赶紧去学一学,用一用吧!

第三篇 好玩的庄子

庄子（约公元前369—公元前286），名周，战国时期宋国蒙（今河南商丘东北）人。战国时期哲学家、文学家，道家学派代表人物，与老子并称"老庄"。

庄子追求自由，不愿做官，仅仅担任过宋国地方的漆园吏，史称"漆园傲吏"。其作品收录于《庄子》一书，为文想象丰富奇特，语言运用自如，灵活多变，能把微妙难言的哲理写得引人入胜，被称为"文学的哲学，哲学的文学"。

导 语

庄子是一个很好玩的人。他诙谐幽默,自由洒脱,"脑洞"大得可以装下整个宇宙。和他在一起,你常常会哭笑不得。不信,我们就来看看吧。

我们先来看一个故事——鼓盆而歌。

庄子的妻子去世了,他的好友惠施听说了,连忙赶往庄子的家中悼念,也想安慰安慰好朋友。谁知,还没走到庄子家,就听到了一阵快乐的歌声。仔细一听,居然是庄子在唱歌。惠施不敢相信,难道庄子是伤心得疯了吗?来到门前一看,嘿,还真是庄子在唱,他坐在棺材旁,两腿张开像撮箕似的很不雅观,脸上没有一丝的悲伤,反而带着喜悦的神色。惠施这就不高兴了。他严肃地对庄子说:"你的妻子为你生儿育女,辛苦了一辈子。如今她去世了,你就算看得开,不为她哭泣,也不能快乐地唱歌吧,这样不是太过分了吗？"

本以为庄子会惭愧不已，哪知道他反而一脸惊讶地问惠施："这难道不是件快乐的事吗？"惠施鼻子都气歪了，一时间说不出话来。庄子继续说道："我的妻子从大自然中来，如今她又回到了大自然中去，这不是很正常的事吗？另外，她跟着我吃了很多苦，如今她终于再也不会吃苦受累了，难道不值得为她高兴吗？这样一想，我便不再哀痛，敲盆唱起歌来了。"

惠施听到这儿，掉头就走，心里想："可千万别让庄子这个家伙参加我的葬礼哟！"身后又传来了庄子快乐的歌唱声。

你看，这个庄子是不是思维很独特，非常与众不同呢？

说起庄子的思维独特，就不得不说说他的辩论功夫。我们来看看发生在濠水（今安徽凤阳县境）之上的那场著名的辩论，辩论的双方是庄子和惠施。

惠施和庄子是朋友，也是欢喜冤家。两人都爱论辩，一见面就会争个不停，辩个不停。

那一天，两人在濠水之上的一座桥上游玩。庄子望着水中游来游去的鱼儿，不禁感慨道："鱼儿游来游去，好快乐呀！"惠施一听，立马回道："你又不是鱼，哪里知道鱼的快乐？"庄子听了，来了兴趣，顺着对方的思路，回说："你又不是我，哪里知道我不知道鱼的快乐。"只见惠施笑着说："你讲得对呀！我不是你，所以不知道你知不知道鱼的快乐。同样的道理，你不是鱼，当然也不知道鱼快不快乐呀！"惠施的回话很巧妙，用庄子的话推翻了庄子的结论。

庄子恍然大悟，发现自己如果沿着刚才那个逻辑，肯定是爬不出来了，怎么办？你可千万别为庄子担心，他可不是一般人，只见他眼珠子一转，就想到了应对之策。他不慌不忙地对惠施说:"别着急,让我们回到辩论的开始。你问我哪里知道鱼的快乐,说明你知道我知道鱼的快乐,只是问我在哪里知道的。好,我回答你,我是在这濠水上的这座桥上知道的。"说完,转身下桥,不给惠施反击的机会。

看,和庄子辩论是不是很让人崩溃?

庄子还是一个很会讲故事的人。在他的故事里,他不再是庄子,而化身为各种各样的动物。

庄子是鲫鱼

庄子家里面很穷,穷得揭不开锅了。为了养活家人,庄子不得不去向监河侯大人借一些粮食来救急。明白庄子的来意后,监河侯表现得很慷慨,他拍着胸脯对庄子说:"你放心,我就要去封地收租金了,你等着,我收了钱回来,借给你三百金,到时候你想买多少粮食都没问题的。"庄子听了后,非常气愤,变了脸色,对监河侯说:"大人,我先给您讲个故事吧。我在来的路上急急行走,突然听到地面传来呼喊声。我低头一看,原来在车轮碾过的地面上有一个小坑,一条鲫鱼被困在那里,是它在叫我。我问它:'鲫鱼呀,你叫我有什么事?'鲫鱼艰难地说:'先生,我本来是生活在东海中的水族,不幸沦落到了这里,希望您能给我一些水,救活我吧。'我听了鲫鱼的话后,拍着胸脯说:'鲫鱼,你放心,我现在就去南方游说吴王和越王,让他们开凿水渠,引西江的水来救你回东海。'没想到鲫鱼听完我的话,愤怒不已,说:'明明一升半斗的水就能救活我,你却要去引西江水,与其等你引来西江水,还不如早一点到干鱼铺来找我!'"

> 涸辙之鲋:在干涸了的车辙里的鲋(鲫鱼)。比喻处在困境中亟待救援的人。

庄子讲完这个故事,便头也不回地离开了。

聪明的小朋友,你读懂这个鲫鱼的故事了吗?

庄子是乌龟

庄子在濮水(在今山东鄄城)钓鱼,楚王闻知此事,命人带着丰厚的礼物来请庄子去楚国做官。楚王的使者向庄子表达了楚王的意思,本以为庄子会非常激动,哪知道,庄子拿着鱼竿头也没回,淡淡地问楚王的使者:"听说你们楚国有一只活了三千年的神龟,死后它的遗骨和遗甲被楚王用白绸裹上,隆重殓入宝箱,供在庙堂之上。我来问你们,你们觉得这只灵龟,是愿意死了之后,留下尊贵的甲骨,受到隆重的祭祀，还是愿意活着，拖着尾巴在污泥中爬行呢？"

两位使者回答："当然是愿意活着，拖着尾巴在污泥中爬行呀。"庄子说："那请告诉楚王，我想享受这污泥中爬行的快乐。"

小朋友，你听明白了吗？你的选择是什么呢？

庄子是鹓鶵

鹓鶵是个啥？其实，鹓鶵就是古书上说的凤凰一类的瑞鸟。在这个故事里，惠施又出场了，不过成了被讽刺的对象。

惠施在梁国做相国。有一天，他听说庄子来到了梁国，这对惠施可不是一个好消息。庄子的才华，他非常清楚，如果被梁王接见，恐怕会给他的地位带来巨大的威胁。于是，惠施慌忙命人在全国搜捕庄子。谁知道，搜查了三天三夜，连庄子的影子都没有见到。就在惠施无计可施时，庄子却主动找上门来。庄子首先开口了："听说你在找我，是吗？"惠施支支吾吾，说不出话来。

庄子笑了，对惠施说："我给你讲个故事：南方有一种鸟，名叫鹓鶵。有一天，鹓鶵鸟从南海飞往北海。这鹓鶵不是梧桐树就不会停下来栖息，不是竹子的果实不会吃，不是甘甜的泉水不会饮用。它飞翔的途中，路过一片田野，一只猫头鹰正在津津有味地吃一只腐烂的老鼠，发现鹓鹐从空中飞过，猫头鹰生怕鹓鹐来抢夺，仰起头朝着空中发出'吓！'的怒斥声。"

说到这儿，庄子看着惠施说："你现在也想用你的梁国来'吓！'我吗？"

瞧，这就是庄子，相国的地位在他眼中，不过是一只腐烂的老鼠，你说好玩不好玩？

庄子是大鹏

在庄子的故事里，他有那么多动物的身份，但在他的心中，他真正想做的或许是另一种神奇的动物。猜猜是什么？先来看看庄子在文章中是怎么表达的吧：

> 北冥有鱼，其名为鲲。鲲之大，不知其几千里也。化而为鸟，其名为鹏。鹏之背，不知其几千里也；怒而飞，其翼若垂天之云。是鸟也，海运则将徙于南冥。南冥者，天池也。

翻译过来的意思是：北方的大海里有一种鱼，名字叫鲲。它的身体很大，不知道有几千里。变化为鸟，就叫作鹏。鹏的背脊，不知道有几千里长；当它奋起而飞的时候，它的翅膀就好像天边的云。这只大鹏鸟，在海动风起的时候就向南方的大海迁徙。南方的大海，是一个天然形成的大池。

庄子为什么想当大鹏呢？在庄子的理想里，最高的追求叫"逍遥"，意思就是无拘无束、自由自在。"鹏之徙于南冥也，水击三千里，抟扶摇而上者九万里。"大鹏起飞的瞬间，翅膀击打海面，击起的水花足足有三千里高，借着这击打的能量，大鹏盘旋而上九万里的高空。这样的力量，这样的气势，才能挣脱天地的束缚，自由地翱翔。或许在庄子的精神世界里，他希望自己就是那只大鹏，挣脱外在的束缚，达到闲适自得的悠游境界。

> 这个故事出自《庄子·秋水》，后人由此提炼出成语"鲲鹏展翅"，用以比喻施展抱负，建功立业。

庄子的临终幽默

好玩了一生的庄子，走到了生命的尽头。面对妻子的死亡，他鼓盆而歌，淡然看待，换作自己，他会怎么样呢？我们来看看庄子临终的故事。

庄子病重，即将离开人世，庄子的弟子们非常悲伤，打算厚葬他。庄子心情非常平静，听到弟子们的计划，说："我死之后，就把我放在荒野之中。我用天地做棺椁，日月做双璧，星辰做珠玑，万物做陪葬品，有什么比这更好的呢？"

听完老师的话，弟子们都露出了诧异的神色，纷纷劝阻老师："如果那样，您的身体就会被乌鸦和老鹰吃掉的。"庄子却说："在地上会被乌鸦和老鹰吃掉，在地下会被蚂蚁吃掉，从乌鸦、老鹰的嘴中抢过来给蚂蚁吃，你们为什么这么偏心呢？"

这就是好玩的庄子，一生哭笑，总是出人意料，却又顺其自然！

第四篇 好笑的东方朔

东方朔（公元前154—公元前93），字曼倩，平原厌次(今山东德州市陵城区东北，一说今山东惠民东)人，西汉时期著名文学家。

汉武帝即位，征辟四方士人。东方朔上书自荐，拜为郎。后任常侍郎、太中大夫等职。性格诙谐，言辞敏捷，滑稽多智，常在汉武帝面前谈笑取乐，直言劝谏。始终不得重用。

东方朔一生著述甚丰，有《答客难》《非有先生论》等名篇。明朝张溥汇为《东方太中集》。

导 语

他智力惊人，思维跳跃，性格滑稽，语言诙谐，被誉为东方智圣，也被相声界推崇为鼻祖。他是谁呢？他就是——好笑的东方朔。

东方朔的自荐

东方朔有多好笑呢？我们先来读读他自荐的故事。

建元元年，也就是公元前140年，汉武帝刚刚即位，向全国征召贤良、方正和有文学才华的人。一时间，各种自荐书像雪花一样汇集京城。数以千计的自荐书都在议论国家政事的得失，炫耀卖弄自己的学识。怎样才能从这众多的自荐书中脱颖而出呢？东方朔有自己的主意，他在自荐书中是这样描写的：

"我东方朔少年时就失去了父母，依靠兄嫂的抚养长大成人。我十三岁开始读书，经过三年的刻苦，读的书已经够用。在十五岁时学习击剑，十六岁学《诗经》《尚书》，背诵量达到二十二万字。十九岁又开始学习兵法和作战常识，懂得各种兵器的用法以及作战时士兵进退的钲鼓，这方面的书也背诵了二十二万字。我总共背诵了四十四万字。

"我钦佩子路的豪言。如今我已二十二岁，身高九尺三寸，双目炯炯有神，像明亮的珠子，牙齿洁白整齐得像编排的贝壳，勇敢像孟贲，敏捷像庆忌，廉俭像鲍叔，信义像尾生。我这样的人，应该能够做天子的大臣吧！"

汉武帝读完后，忍俊不禁，怎么都感觉这个人是在一本正经地胡说八道，对他产生了浓厚的兴趣，便命东方朔进京在公车府待诏。

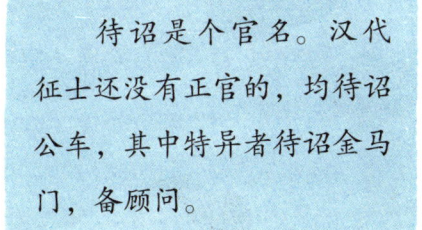

> 待诏是个官名。汉代征士还没有正官的，均待诏公车，其中特异者待诏金马门，备顾问。

东方朔吓侏儒

接下来，东方朔会如愿以偿得到召见吗？我们来看第二个故事——东方朔吓侏儒。

东方朔到了公车府后，俸禄微薄，加上久久得不到汉武帝的召见，他不乐意了。该怎样提高自己的待遇呢？有一天，东方朔看见几个侏儒正在给皇帝养马，他眼珠子一转，嘴角就露出了笑容。只见东方

第四篇 好笑的东方朔

朔板着脸来到这几个侏儒面前，语气特别严肃地说："你们知道自己就要死了吗？"侏儒们一下子被吓得慌了神，纷纷询问为什么。东方朔接着说："皇帝说你们这些人既不能种田，又不能打仗，更没有治国安邦的才华，对国家毫无益处，因此打算杀掉你们。现在皇帝即将从这里经过，你们还不赶紧去向他叩头求情！"经过东方朔的这一通恐吓，过了一会儿，汉武帝路过，侏儒们都连滚带爬地哭着叩头向他求饶。

汉武帝一头雾水，一问缘由，才知道是东方朔在捣乱。这人连皇帝的话都敢编造，汉武帝忍不住召见东方朔，当面责问。本以为东方朔会认错，哪知道他直接开始耍赖。东方朔一边谢罪，一边对汉武帝说："陛下，这也不能完全怪我。我也是被逼得没办法。您想，侏儒身高三尺，而我身高九尺，可是我和侏儒拿的俸禄却是一样多的。总不能撑死他们，却饿死小臣我吧。如果您不打算重用我，请干脆放我回到家乡去，不要白白浪费京城的粮食。"说完，把双手一摊，一脸无辜的样子。

汉武帝听完捧腹大笑，觉得这个东方朔确实有趣，便给他升了官。东方朔做了金马门待诏，逐渐得到了皇帝的亲近。

东方朔射覆

好笑的东方朔还能继续晋升吗？他最终能得到汉武帝的赏识吗？我们来欣赏第三个故事——东方朔射覆。

汉武帝特别喜欢一种游戏，叫射覆。其实就是猜谜，把一个事物放在盆、盂等器物下面，然后让人猜。有一次，汉武帝把一只壁虎藏在盂中，让人们猜。大家猜了半天都没猜中。汉武帝兴致很高，东方朔瞅准机会，便主动争取来猜。东方朔对汉武帝说自己精通《周易》，了解卦象，肯定能猜到。汉武帝同意了，东方朔当着大家的面，拿出一些蓍草，摆出各种卦象，手指演算，念念有词，看上去一副高深莫测的样子。片刻之后，他对汉武帝说："陛下，小臣猜出来了。"汉武帝很感兴趣，众人也侧耳倾听。东方朔说："这个东西是龙……"大家一片哗然。东方朔又接着说："但没有角，是蛇但有脚，爬得很快，特别善于爬墙，我猜是……"众人听得云里雾里，都等着东方朔说出答案。东方朔略一停顿后，说："不是壁虎，就是蜥蜴。"汉武帝听完，眉开眼笑。揭开盂，果然是一只壁虎。东方朔猜中了，汉武帝赏给他十匹帛。在场的人都被东方朔的能力震惊了，他们纷纷出题，无论让猜什么东西，东方朔都应声而答，每猜必中。汉武帝就任命他做了常侍郎，东方朔终于得到了汉武帝的喜爱。

东方朔认错

来到汉武帝身边的东方朔，搞笑本领得到了进一步展示的机会，接下来的故事，你可要小心笑岔了气。

我们先来说说，东方朔做常侍郎后的一个好笑故事——东方朔认错。

一年夏天，已经进入了伏天，天气炎热。有一天，汉武帝赐肉给亲信。东方朔也是接受赏赐的人之一。负责下达诏令的官员到天晚都还没有到来，东方朔不愿意等待了。他拔出宝剑，一边割肉，一边对大家说："这么热的天，应该早点儿回家，请允许我自己接受天子的赏赐。"说完，把割好的肉包好，扬长而去。众人看得目瞪口呆。后来负责的官员把此事禀报给了汉武帝。汉武帝为此责问东方朔："昨天赐肉，你不等诏书下达，就用剑割肉回家，这是为什么？"东方朔假装很慌张，立刻取下官帽，跪伏在地上，向汉武帝请罪。汉武帝让他站着说自己的罪过。东方朔站起来，整理好衣冠，脸上又恢复了一本正经的模样，说："东方朔呀，东方朔，你接受赏赐却不等诏书下达，这是多么无礼呀！你拔剑割肉，这是多么豪壮呀！你自己割肉，却没割很多，这是多么廉洁呀！你回家送肉给妻子吃，这又是多么仁爱啊！"听到这儿，汉武帝笑着摆手说："够了，让你请罪，你倒好，把自己好好表扬了一通。"

最后，汉武帝不仅没有责罚东方朔，还又赏了他一石酒、一百斤肉，让他回去送给妻子。看来，爱搞笑的人，运气也不会太差哟！

东方朔劝谏

这爱搞笑的东方朔，还能贡献什么经典场面吗？接下来这个广泛流传的故事——上林鹿死，就引出了东方朔的精彩劝谏，从中足可见到他的幽默与智慧。

汉武帝修建了上林苑，用于自己狩猎和休闲。有一次，有人误入上林苑，射死了其中的一头鹿。汉武帝勃然大怒，判了这个人死罪。大臣们觉得不妥，就纷纷劝谏汉武帝。可是，汉武帝正在气头上，根本听不进劝谏，还下了旨意，谁如果再劝，就同罪处理。这下子把大臣们都给吓住了。眼看这个人就要被处死了，东方朔却站了出来，对汉武帝说："小臣有话说。"汉武帝面沉似水，目露杀气，问："你也是要劝我吗？"东方朔却笑嘻嘻地说："当然不是，我觉得

第四篇　好笑的东方朔

这个人确实该死，请陛下让我列举他的罪过，让大家心服口服。"汉武帝一看是帮自己说话的，就同意了。东方朔说："这个人确实该死，他的死罪有三条：第一，他竟然让陛下因为一头鹿而杀一个人。第二，他会让天下人认为陛下把人命看得比鹿命轻。第三，匈奴正在侵犯我们的边境，我们多么需要鹿角去撞死匈奴兵呀！"说到这儿，东方朔一副义愤填膺的样子，说："好了陛下，请您赶紧下旨，杀了这个人吧！"

汉武帝听完这番话，瞬间沉默了，心里是又好气

又好笑：这个东方朔呀，总是不按常理出牌。好吧，算是又被你说服了。最终，汉武帝下令赦免了杀鹿的人。

咦？东方朔是怎么劝谏汉武帝的，你读明白了吗？

东方朔抢酒

古人说，伴君如伴虎。总是和皇帝开玩笑，也是伴随着巨大的风险的。那么，东方朔也会遇到危机吗？他的玩笑会因为过火而危及生命吗？来了，东方朔最大胆的故事来了——东方朔抢酒。

汉武帝雄才伟略，可是也有着深深的迷信思想，尤其热衷于长生不老之术。有一次，汉武帝对群臣说："《相书》里记载，人鼻子下的人中长达一寸，这个人就能活一百岁。"群臣听了，纷纷附和。可东方朔却哈哈大笑起来。大臣们指责他对皇帝不敬，东方朔赶紧说："小臣哪里敢笑陛下，我是在笑彭祖脸太长。"汉武帝一脸疑惑地问："为什么笑彭祖脸长？"东方朔说："如果陛下说的是真的，那彭祖活了八百多年，他的人中就有八寸长，那他整张脸恐怕得有一丈多长了呀。"

听完这话，汉武帝自己想象了一番，也忍不住哈哈大笑起来。东方朔用这种幽默的方式，成功地破除了一个迷信的谣言。

随着年岁的增长，汉武帝对长生不老的渴望越发强烈。有人就趁机取悦皇帝，谋取私利。

有一次，有人编造谎言，说历经重重艰险，从东海之上的仙人那里为汉武帝迎来了一杯长生不老酒，喝了这杯酒，人就能长生不死。这可把汉武帝给高兴坏了，命人赶紧献上来。就在奉酒的侍从小心翼翼地把酒端给皇帝的途中，东方朔抢先一步，夺过酒杯，一饮而尽。这一幕，就发生在汉武帝面前。愣住几秒钟后，汉武帝的怒气如山呼海啸般地爆发了，他命人立刻将东方朔拖出去处死。东方朔站在了令人惊心动魄的死亡线上，可是他毫无惧色，不慌不忙地说："陛下，臣已经喝下了这杯长生不老酒，如果臣被您处死，说明这杯酒不能长生，那是假酒。陛下难道会因为一杯假酒处死大臣吗？"

东方朔一生能言善辩，幽默诙谐，可是他在临死前却说了一番不像他风格的话。他对汉武帝说："《诗经》里说，'飞来飞去的苍蝇，落在篱笆上面。慈祥善良的君子，不要听信谗言。谗言没有止境，四方邻国不得安宁'。希望陛下远离巧言谄媚的人，斥退他们的谗言。"

汉武帝感慨不已:"现在的东方朔如此正经,一下子还真习惯不了!"他已经开始思念那个总是把快乐和真理带给自己的东方朔了。

第五篇 好酒的李白

李白（701—762），字太白，号青莲居士，唐代伟大的浪漫主义诗人，被后人誉为"诗仙"，与杜甫并称为"李杜"。他自称祖籍陇西成纪（今甘肃静宁西南），隋末其先人流寓西域碎叶（在今吉尔吉斯斯坦北部托克马克附近），他就在此出生，幼时随父亲迁居绵州昌隆（今四川江油）青莲乡。其人少年即显露才华，吟诗作赋，击剑行侠。天宝初入长安，待诏翰林，后遭权贵谗毁，离开长安。安史之乱中，曾入永王李璘幕府，因李璘叛乱事，流放夜郎，中途遇赦。卒于当涂。

李白有《李太白集》传世，《望庐山瀑布》《行路难》《蜀道难》《将进酒》《早发白帝城》等诗，皆为人传诵。

导 语

李白是诗仙，也是酒仙。他好酒，可以说妇孺皆知。他在《月下独酌》（其二）直接表白对酒的强烈喜爱：

> 天若不爱酒，酒星不在天。
> 地若不爱酒，地应无酒泉。
> 天地既爱酒，爱酒不愧天。
> 已闻清比圣，复道浊如贤。
> 贤圣既已饮，何必求神仙。
> 三杯通大道，一斗合自然。
> 但得酒中趣，勿为醒者传。

他说，既然天地都爱酒，那么我李白爱酒不是很自然的事吗，能畅快饮酒，快乐堪比神仙啊！杜甫是李白的好朋友，也是李白的"粉丝"，他曾在《饮中八仙歌》中这么写道：

第五篇 好酒的李白

> 李白斗酒诗百篇,长安市上酒家眠。
> 天子呼来不上船,自称臣是酒中仙。

李白喝酒,酒兴大发,诗性也大发,可以说是酒助诗兴,诗助酒兴。他应诏到长安,唐玄宗召见他,赐给他食物,还亲自为他调羹。有一次,玄宗召他写诗,他却在长安酒馆喝得大醉。

杜甫在诗里就讲的是一个李白喝酒与作诗的故事,让我们发挥一下想象,丰富一下这个故事。那一天晚上,李白兴致不错,来到一家酒馆喝酒。店小二奉上一坛美酒,李白喝后诗兴大发,命人拿来纸笔,笔走龙蛇,写下了一首首优美的诗篇。写完后,笔一扔,身子一歪,直接趴在桌子上就睡着了。当时李白是有官职的,负责给皇帝写诗作文。恰好,当天晚上,皇帝在游船,也来了兴致,命人找李白来写诗。手下人找了半天,终于在长安城的酒馆中找到了李白,赶紧唤醒他。还沉浸在睡梦中的李白,虚着眼睛不耐烦地问:"什……什么事?"来人赶紧告诉他:"皇帝宣你去写诗。"哪知道酒后的李白,胆子比天大,一挥手说:"不……不去,我是酒中的神仙,他是人间的皇帝,他,管不着我。"说完,又倒头大睡。

不知道杜甫写的这件事是不是真的，但李白好酒却是千真万确。在李白自己的诗歌里面，就无处不藏着喝酒的场景。接下来，我们就一同走进李白的诗歌世界，去一探他饮者的风采吧！

第一幕：一个人饮酒

一个人喝酒，这里选的是李白的哪首诗呢？这首诗叫《月下独酌》（其一）：

> 花间一壶酒，独酌无相亲。
> 举杯邀明月，对影成三人。
> 月既不解饮，影徒随我身。
> 暂伴月将影，行乐须及春。
> 我歌月徘徊，我舞影零乱。
> 醒时相交欢，醉后各分散。
> 永结无情游，相期邈云汉。

"酒逢知己千杯少"，一人饮酒多无聊。那个交友遍天下、出门动长安的李白，怎么会落寞到一个人喝酒呢？这就得说说李白一生中非常重要的一个事件——赐金放还。

第五篇　好酒的李白

天宝初,李白因诗名供奉翰林,但不受重视,还因为得罪了权贵,遭受谗言毁谤,被唐玄宗赐金放还。"赐金放还"是什么意思呢?这是很讲究的说法,就是给他金子让他离开。说得难听点儿,就是把他赶出长安了。李白有理想抱负,也有一定才能,本想做出一番事业,却得不到统治者的赏识、支持,他政治上是很失意的。此时,他一人独对月夜,又无亲朋好友在身边,很是孤独。不过,李白是很潇洒的人,他很会开解自己,即便没有朋友,这酒也是不能不饮的。且看李白如何一个人饮酒,还喝得有滋有味的。

那是个月色迷人的夜晚,花园中,香气弥漫,美酒依然。可

是，往昔热闹的情景却一去不返。李白在那一刻，品尝到了孤独的滋味。好在，还有酒，还有浪漫主义诗人的情怀。"举杯邀明月，对影成三人"，转瞬间，李白便找到了更加贴心的陪伴，明月与影子。至少明月与影子，从来不会辜负与背叛。与明月对酌，与影子交错，那个孤独寂寞的夜晚，一个人饮酒，也成为李白一生中最奇特的一番体验。李白还和这两位新的酒友许下诺言：相约到银河里，喝个痛快……

你说，这样的李白，是不是很可爱！

第二幕：两个人饮酒

两个人喝酒又会是怎样的感受？李白为我们描绘了这样一幕，请看《山中与幽人对酌》（其一）：

> 两人对酌山花开，一杯一杯复一杯。
> 我醉欲眠卿且去，明朝有意抱琴来。

这首诗中，和李白一起喝酒的是一位幽人。幽人就是隐居的人，他们往往淡泊名利，不好热闹。所以两人喝得很是静雅。李白其实也有一颗幽人的心，他信奉道家思想，道家讲究静修无欲。如果不是李白有着积极进取的豪放之心，恐怕他也早就隐居修道去了。不过他虽然没有隐居,但也结交了很多修道的好友。

"两人对酌山花开,一杯一杯复一杯。"两人就这样对坐饮酒,山花烂漫,酒意悠然。恐怕也只有心心相印的友人之间,才有这样纯粹的喝酒模式吧。

当然,这么一杯又一杯地喝,醉得也快。李白醉后很好玩,他用了陶渊明的一个典故来形容自己——"我醉欲眠卿且去。"陶渊明常常与友人在山中一起喝酒。喝醉之后,陶渊明就会醉醺醺地站起来,挥挥手对朋友们说:"我醉了,要去睡了,你们喝好了就自己离去吧。"说完,就跟跟跄跄地来到那块著名的"醉石"上呼呼大睡,朋友们也就笑着陆续离开了。

而此刻的李白,仿佛就是陶渊明附体,醉眼蒙眬,睡意汹涌,他也挥挥手对这位幽人朋友说出同样的话语。有趣在哪儿呢?不仅仅是模仿陶渊明,更好玩的是,明明已经醉得不行了,可是还没有喝尽兴,于是又提出了新的期待"明朝有意抱琴来"。你看,明明是自己没有喝够,偏偏要说对方如果没喝够明天再来。真是又执着又可爱!

而且,明天的酒局,还要增加元素,要抱琴而来。为什么还要抱琴呢?其实,在陶渊明的故事里,他是一边抚琴,一边饮酒。琴声伴酒,李白干脆来了个全方位的模仿。不过这位幽人朋友估计会有点儿小尴尬：天天来喝酒，还带着乐器来喝酒，我这是隐居幽人，还是聚会达人？

第三幕：三个人饮酒

论喝酒，还是得人多才有味儿。你看，这到了三个人喝酒，李白就几乎开启了疯狂模式。不信，看看他的这首著名诗篇《将进酒》：

君不见黄河之水天上来，奔流到海不复回。
君不见高堂明镜悲白发，朝如青丝暮成雪。
人生得意须尽欢，莫使金樽空对月。
天生我材必有用，千金散尽还复来。
烹羊宰牛且为乐，会须一饮三百杯。
岑夫子，丹丘生，将进酒，杯莫停。
与君歌一曲，请君为我倾耳听。
钟鼓馔玉不足贵，但愿长醉不复醒。
古来圣贤皆寂寞，惟有饮者留其名。
陈王昔时宴平乐，斗酒十千恣欢谑。
主人何为言少钱，径须沽取对君酌。
五花马，千金裘，呼儿将出换美酒，与尔同销万古愁。

李白在这首诗中为什么喝得这么疯呢？

第一，朋友好。这次陪伴李白喝酒的，可以说是他一生中最好的两位朋友：岑勋和元丹丘。岑勋在李白的诗歌里多次出现，元丹丘是修身隐居的高士。"酒逢知己千杯少"，在这样两位友人面前，李白可以放下一切防备和伪装，喝得真实而痛快。

第二，心情差。李白写这首诗歌时，正是他人生苦闷之时。一般认为，《将进酒》创作于天宝十一载（752），此时距离他被"赐金放还"已经八年之久。这漫长的八年中，李白徘徊于江淮一带，报国无门，进取无途，心情极度烦闷。这个时候，得到好友的召唤，和岑勋一起到嵩山元丹丘的颖阳山居登高宴饮，借酒放歌，那自然是要好好地释放一番！

第三，真性情。其实，不用找那么多理由，李白本就是一个喝起酒来就疯狂的人。看看他崇拜的人就明白了。李白最重要的一位文化偶像，就是大诗人孟浩然。李白曾经为孟浩然写了一首诗歌《赠孟浩然》，在诗中，他详细列举了崇拜的理由，其中一点就是"醉月频中圣，迷花不事君"。你看，孟浩然月下醉饮，这不正是李白欣赏他的一个重要因素吗？

在这首《将进酒》中，最疯狂的醉酒举动是什么呢？那当然就是最后掀起高潮的"五花马，千金裘，呼儿将出换美酒,与尔同销万古愁"。"五花马,千金裘",在古人的世界里,这马和衣服,可都价值不斐。然而,李白想都没想,直接交代侍儿:统统拿去换成美酒,让我和这两位好友喝个够。这么疯狂的举动,也就只有李白才能干得出来吧!

第四幕：聚会饮酒

众人相聚饮酒的场景，在李白的诗中也有描写吗？当然有，我们就来看看这首《金陵酒肆留别》吧：

> 风吹柳花满店香，吴姬压酒唤客尝。
> 金陵子弟来相送，欲行不行各尽觞。
> 请君试问东流水，别意与之谁短长？

开元十四年，也就是公元726年，离开家乡蜀中漫游全国的李白，来到了金陵——南京，在这里停留了半年时光。虽然是第一次出蜀，但李白的才名早已远播，加上性格爽朗，李白在金陵城结交了非常多的朋友。到了离别之时，这些好友纷纷前来相送，李白用诗歌记录下众人聚会饮酒的场景。

"风吹柳花满店香，吴姬压酒唤客尝。"暮春时节，杨柳飘絮；金陵酒肆，满店酒香；美丽的姑娘——吴姬，压出了美味的酒浆，招呼客人品尝。李白展现了一幅令人陶醉的春日美景图，虽是写离别，但并不见离愁。

"金陵子弟来相送，欲行不行各尽觞。"李白创造了一个有意思的词语——"欲行不行"。乍一看，有点矛盾，但一琢磨，还很传神，既可以指李白自己的矛盾心情：想走，又舍不得走；又可以描绘现场的真实情况：要走的人，不走的人，都端起酒杯，饮尽分别的美酒。不得不说,李白的用词,真是不一般。

"请君试问东流水,别意与之谁短长?"李白做了一个有趣的对比,朋友之间送别的情谊与这门前的流水,谁更短,谁更长?用水去比拟人的情感,诗歌中常见这种手法。有和水比多少的,比如李煜"问君能有几多愁,恰似一江春水向东流";有和水比重量的,比如李清照"只恐双溪舴艋舟,载不动,许多愁";还有和水比深浅的,比如李白"桃花潭水深千尺,不及汪伦送我情"。

李白这首诗写离别,没有多少愁,更多的是在表现别意。他当时风华正茂,这次离开,送他的不是一两个知己,是一群青年朋友,所以这次送别场面很热闹,情感很豪放、洒脱。

第五幕:痛快的饮酒

李白写了这么多饮酒的诗歌,哪一次是喝得最痛快的呢?那恐怕要看看这首《客中行》了吧:

> 兰陵美酒郁金香,玉碗盛来琥珀光。
> 但使主人能醉客,不知何处是他乡。

这酒喝得最纯粹，最放松。公元739年，李白刚刚搬家到山东不久，便前往兰陵游览，在这里，他参加了一场难忘的酒宴。

首先，酒是真的好。"兰陵美酒郁金香"，这美酒醇厚无比，在碗中呈现出琥珀般的光泽，散发着郁金香的芬芳，还没喝就让人沉醉不已。李白是好酒之人，碰到此等美酒当然心花怒放，垂涎三尺。

其次，这酒喝得讲究。"玉碗盛来琥珀光"，美酒配雅具，在这玉碗之中，酒色更加诱人，酒味也会更加芳醇。

最重要的是主人热情好客。这么好的酒，主人没有丝毫吝啬，还一个劲儿地劝李白尽情喝，杯莫停。酒味加上人情味，让本就率真的李白，瞬间就动了感情。一碗美酒下肚，李白感叹"但使主人能醉客，不知何处是他乡"。这话说得有趣，什么叫"不知何处是他乡"？这是李白已经被美酒征服，把这兰陵当作自己的家乡啦！

这首诗中的酒色美味醇，人无忧无虑又快活。李白明明是客居他乡，却没有羁旅之愁，甚至流连忘返，乐在客中。你说，这是不是李白喝得最快乐的一次呢？

第六幕：痛苦的饮酒

说完最痛快淋漓的一次饮酒，我们再来聊一聊李白人生中最痛苦的一次饮酒。美酒当前，李白居然难以下咽，这是怎么回事呢？先来读读《行路难》（其一）：

> 金樽清酒斗十千，玉盘珍羞直万钱。
> 停杯投箸不能食，拔剑四顾心茫然。
> 欲渡黄河冰塞川，将登太行雪满山。
> 闲来垂钓碧溪上，忽复乘舟梦日边。
> 行路难，行路难，多歧路，今安在？
> 长风破浪会有时，直挂云帆济沧海。

故事发生在公元744年，李白被唐玄宗赐金放还。即将离开长安时，朋友们为他举行了一场送别会。这场送别是在极度压抑的气氛中开始的，每个人都为李白这样的天才被抛弃感到深深的惋惜，而我们的主角李白，也完全没法从痛苦中解脱出来。依然是长安城中的名贵酒楼，依然是名贵的好酒和珍馐佳肴，可这一次，李白却难以下咽，他推开了酒杯，放下了筷子，拔出了宝剑，环顾四周，却心头茫然。

那一刻的李白思绪万千。人生就是这样坎坷，生命总会遭遇这样突如其来的打击。李白虽然停下了杯中的酒，但并没有停下对梦想的追求。"闲来垂钓碧溪上，忽复乘舟梦日边"，他想到了两位古人——伊尹和姜子牙，一个从奴隶做起，最后成就了商朝的兴盛；一个年逾古稀还在渭水垂钓，最终帮助周武王建立了周王朝。只要不屈服于命运，只要执着于梦想，那一切阻碍和坎坷，都将成就更加伟大的自我。李白刻在骨子里的那份豪迈与洒脱，如烈酒般汹涌，喷薄，化作了极富有感染力的句子"长风破浪会有时，直挂云帆济沧海"。

令人惊喜的是，我们读到了最无助痛苦的李白，却也读到了最炽热强大的李白。一个没有饮酒的李白，却把酒的精神完美地融合到了自己的人生。

公元762年，李白的人生走到了终点。人们实在太爱这位伟大的诗人了，给他的死亡也涂上了一抹神秘的色彩。相传李白在一个美好的月夜，泛舟长江，醉后去打捞水中的月亮，坠入江中长眠不起。李白或许是愿意以这样的方式离开世界的，因为有他最爱的月色、最好的江水，还有相伴一生的美酒……

第六篇 好哭的杜甫

杜甫（712—770），字子美，自号少陵野老，唐代伟大的现实主义诗人，与李白合称"李杜"。生于巩县（今河南巩义西南），祖籍襄阳（今属湖北）。自幼好学，知识渊博，有政治抱负。开元后期，举进士不第，漫游各地。后寓居长安，生活艰难。天宝十四载（755），安史之乱爆发，潼关失守，杜甫先后辗转多地。乾元二年（759），杜甫弃官入川，生活相对安定。晚年携家出蜀，病死湘江途中。一说死于耒阳。

杜甫的诗歌创作大胆揭露当时的社会矛盾，许多优秀的作品显示出唐朝由开元、天宝之盛世转向动荡衰微的历史过程，被称为"诗史"。他继承和发展了《诗经》以来注重反映现实的文学传统，成为中国古代诗歌艺术发展的又一高峰，被称为"诗圣"。

杜甫虽然在世时名声并不显赫，但后来声名远播，对中国文学和日本文学都产生了深远的影响。杜甫共有约一千五百首诗歌被保留了下来，大多集于《杜工部集》。

导　语

　　好哭的杜甫？你是不是觉得很奇怪，杜甫堂堂"诗圣"怎么会喜欢哭鼻子？其实，这么说是因为杜甫的诗中实在有太多悲苦的声音了。杜甫的诗，据《杜诗详注》，有1439首。有人简略做过统计，其中含"哀""忧""愁""哭""泣""涕""泪"这种字眼的，得有640多首，约占全部诗的45%；而在这640多首诗中，含"哭""泣""涕""泪"这种字眼的，大约有170多首，占比约27%。从这些统计数字中，我们也能看出杜甫诗歌中的眼泪很多，愁苦很深。那么为什么杜甫诗中多哭泣呢？他在哭些什么呢？我想，读了下面四首诗歌，你大概就有答案了。

春望

国破山河在，城春草木深。

感时花溅泪，恨别鸟惊心。

烽火连三月，家书抵万金。

白头搔更短，浑欲不胜簪。

天宝十四载（755），安史之乱爆发。安史之乱是由安禄山、史思明发动的叛乱，声势浩大，唐王朝因此陷入巨大危机。次年六月，安史叛军攻入长安，玄宗逃往蜀中，肃宗在灵武（今属宁夏）即位。七月，杜甫听到肃宗即位的消息，安置好家人，便孤身前去

投奔肃宗。哪知道他途中就被叛军捕获，被押解到长安城，好在，他当时官职卑微，没有引起叛军的重视，并没有被囚禁。《春望》这首诗就写于第二年（757）三月。

暮春时节，本来是万物生长，生机勃勃的时候，但长安的破败、荒凉，深深地刺痛了杜甫的心。这座当时世界上最繁华的都市，此刻除了自然的山河还在，一切的繁荣都被摧毁殆尽。当春天再次来临，草长莺飞，却没有了人的踪迹。杜甫的心中，是无限的酸楚痛惜，千言万语化作"感时花溅泪，恨别鸟惊心"。

"感时花溅泪，恨别鸟惊心"，花儿为什么会溅泪，鸟儿为什么会惊心？若想明了杜甫的心意，我们可以参考国学大师王国维的观点：一切景语皆情语。从这个角度来看，这眼泪，这心惊就有了两层含义：

第一，这就是杜甫的眼泪，杜甫的心惊。人在悲伤时，所看到的一切景物都会披上悲伤的外衣，花越美，鸟叫越清脆，就与现实的处境反差越强烈，就越发让人对这破碎的美好痛惜不已。

第二，这真的是花儿在流泪，鸟儿在心惊。在诗人的眼中，花鸟也有了人的情感，为这长安城的悲剧感伤落泪、心痛难过。

其实，不管怎么看，这泪水和心惊中都带有杜甫此刻对国家危亡、百姓苦难的深深的悲痛。战火已经从头一年延续到了第二年的三月，诗人无时无刻不在盼望着得到家中亲人的消息，这时的一封家信，在这战乱之中，胜过"万金"啊！

"白头搔更短，浑欲不胜簪"，这是诗人面对现实惨况，忧从中来，搔首踟蹰，又觉头发稀疏，哀叹衰老，真是愁上加愁，哀上添哀。

蜀相

丞相祠堂何处寻，锦官城外柏森森。
映阶碧草自春色，隔叶黄鹂空好音。
三顾频烦天下计，两朝开济老臣心。
出师未捷身先死，长使英雄泪满襟。

乾元二年，也就是公元759年的寒冬，杜甫结束了为时四年颠沛流离的生活，辗转来到了成都。在好友严武等人的帮助下，杜甫在成都西郊得到了几间破旧的茅屋，暂且安顿家小。

成都是当年蜀汉建都的地方，城西北有诸葛亮庙，即武侯祠。杜甫到成都的第二年春天，去探访了武侯祠，写下了这首《蜀相》。

祭祀诸葛亮的武侯祠在哪里？在锦官城外，翠柏成林的地方。杜甫一路前行，不辞劳苦，带着一颗激动的心，终于踏上了武侯祠的台阶。这里春意盎然，草色翠碧，黄鹂婉转啼鸣，一派好风光。可是自然界的春天来了，大唐的破败却是无法挽回的。

踏进武侯祠的大殿，望着被誉为"智圣"的蜀相诸葛亮，杜甫仿佛看见了诸葛亮辉煌又令人痛惜的一生，感慨道："三顾频烦天下计，两朝开济老臣心。"三顾茅庐是诸葛亮一生辉煌的起点，白帝城托孤又成为他人生轨迹的转折。这两句诗高度概括了诸葛亮的一生，把我们带到三国鼎立时期，展示了一个有勇有谋、忠君爱国的贤相形象。眼下天下大乱，民心不安，杜甫多么羡慕蜀汉能遇上诸葛亮这样的天纵奇才，多么希望有人能匡扶社稷，整肃乾坤，使大唐重回安定和平。他说是去探拜诸葛亮，心里时时刻刻想的还是大唐的江山和百姓啊！

"出师未捷身先死，长使英雄泪满襟。"这滂沱的眼泪中，有着对诸葛亮壮志未酬的悲剧性结局的无限同情，有着对自己一生落寞、报国无门的深深惋惜。然而更重要的是，他悲哀在唐王朝最苦难的岁月里，为什么没有出现像诸葛亮这样的伟大英雄，来挽救国家与人民呀！怀着这样的希望，他的感怀，就格外深沉，难免要老泪纵横了。

闻官军收河南河北

剑外忽传收蓟北，初闻涕泪满衣裳。
却看妻子愁何在，漫卷诗书喜欲狂。
白日放歌须纵酒，青春作伴好还乡。
即从巴峡穿巫峡，便下襄阳向洛阳。

要论杜甫这一生哭得最厉害，也是最痛快的一次，那就要数这首诗歌所描写的场景了。这一次，杜甫流下的不再是悲伤的泪水，而是充满幸福喜悦的激动泪水，甚至夸张到了"满衣裳"的程度。杜甫为什么会有这样的表现？我们从诗中来寻找答案。

这一幕发生在公元763年，当时杜甫已经在成都客居了三年多的时光。这一天突然听到一个惊天大喜讯——"闻官军收河南河北。"这为什么会令杜甫如此激动，甚至是"喜欲狂"？

公元762年冬，唐军在洛阳附近的横水打了大胜仗，收复了洛阳、郑州、开封等地，叛军头领薛嵩、张忠志等纷纷投降。次年正月，史思明的儿子史朝义兵败自缢，部将投降。过着漂泊生活的杜甫收到的就是这个消息。

杜甫在诗下自注："余田园在东京。"意思是说他的家在河南开封。有人说，杜甫高兴得不得了是因为家乡得以收复。但这并不是他狂喜的真正原因。安史之乱长达八年之久，人们无时无刻不在盼望着和平的到来。而官军收复的这河南河北，可不是普通的地方，它们是安禄山和史思明的大本营，所以，这个消息相当于告诉你一个非常确切的事实——安史之乱结束了。这让漂泊多年、客居他乡的杜甫怎能不欣喜若狂？

我们来分享一下杜甫的快乐吧：

"初闻涕泪满衣裳",这要怎样丰沛的眼泪才能浸湿整件衣裳,其中当然有文学的夸张,但也非常准确地状写了杜甫真实的精神状态。

"漫卷诗书喜欲狂",读书人最爱的就是书,杜甫当然也不例外。苦难的岁月中,人往往吃了很多苦,可是对书却总是精心呵护,妥善保存。哪知道这一次,书被主人胡乱地卷起,那一刻,你说主人的心得有多激动?

"白日放歌须纵酒",孔子说"克己复礼为仁",读书人最讲究的就是克制自己使言行符合礼仪的要求。可是,杜甫这一刻把这些繁文缛节都抛到了九霄云外,纵情放歌,也纵情饮酒,只想把心中的喜悦,痛快淋漓地释放。

这是杜甫生平第一快诗,一首快乐得快要疯狂的

诗歌。我们会特别记住这快乐的眼泪,毕竟对于杜甫来说,这样的快乐不多,十分难得。

登岳阳楼

昔闻洞庭水,今上岳阳楼。
吴楚东南坼,乾坤日夜浮。
亲朋无一字,老病有孤舟。
戎马关山北,凭轩涕泗流。

大历三年(768),杜甫思乡心切,乘舟离开夔州(今重庆奉节),沿江陵、公安一路漂泊,来到岳阳(今属湖南),登上了神往已久的岳阳楼。凭轩远眺,但见水域开阔,烟波浩渺,令人心境开朗,但杜甫又接着想到了自己晚年漂泊无定,国家多战乱,心绪翻涌,感慨不已。我们来看看杜甫在诗中表现的悲哀。

"亲朋无一字,老病有孤舟。""亲朋无一字"就表现了杜甫精神上的孤独。亲戚朋友,音信全无。无论自己多么思念，也依然无法得到哪怕一个字的回答。杜甫是一个特别重情重义的人，交友遍天下，可此刻，他却深感孤独的可怕。更要命的是，除了精神上的孤独，他的身体也已经到了不堪重负的时刻。严重的风湿病，让杜甫每时每刻痛不欲生；严重的糖尿病，让杜甫精神萎靡，行动艰难；严重的肺病，让他呼吸困难，也让他被迫和相伴一生的美酒说了再见。这衰老而多病的身躯，多像湖面上那一只孤独的小船，随时都有覆灭的危险。

"戎马关山北，凭轩涕泗流。"在杜甫无数的称号中，最让我们感动的是"爱国诗人"这个称号。杜甫的心中，永远装着国家与人民。即使在成都生活相对安稳那几年，他也时时不忘受苦受难的百姓：茅屋为秋风所破，他感叹"安得广厦千万间，大庇天下寒士俱欢颜"，他关心的是天下寒士的温饱，而不是自己的苦寒；成都春天夜雨，他欢喜"好雨知时节""润物细无声"。何况此时，关山以北战争仍未止息，人民依然流离失所。这一切让杜甫既痛心又无力，脸上早已老泪纵横。这就是爱国诗人杜甫，即使晚景凄凉，生命所剩无多，对国家的爱依然炽热。

小朋友们，当我们登上岳阳楼，感慨洞庭湖的无比壮阔时，还要知道，在这里还有比这洞庭湖更为博大的"诗圣"杜甫的家国之爱。

　　读到这儿，好哭的杜甫是否走进了你的心中？你是否发现了杜甫每一次哭泣背后的深意？是的，杜甫的眼泪不只是为自己而流，他的心中总是装着他挚爱的国家与人民。国家的苦难、人民的痛苦，总能让他心如刀割、泪如雨下。这样的杜甫怎能不让我们敬佩？如果一定要对杜甫的好哭做出一番解释，我想或许可以借用诗人艾青的诗句："为什么我的眼中常含泪水？因为我对这土地爱得深沉。"

第七篇 好强的刘禹锡

刘禹锡（772—842），字梦得，洛阳（今属河南）人，自述"家本荥上，籍占洛阳"，又自言系出中山（治今河北定州），其先祖为中山靖王刘胜。唐朝文学家、哲学家，有"诗豪"之称。

刘禹锡于贞元九年（793）进士及第，深得杜佑的信任与器重。杜佑入朝为相，刘禹锡为监察御史。贞元末年，与柳宗元、陈谏等加入以王叔文为首的政治集团，进行"永贞革新"。革新政治失败后，被贬为朗州司马，历连州、夔州、和州刺史。后入朝为主客郎中。后任太子宾客，加检校礼部尚书。世称刘宾客。

刘禹锡诗文俱佳，与柳宗元并称"刘柳"，与韦应物、白居易合称"三杰"，并与白居易合称"刘白"。其诗雅健清新，善用比兴寄托手法，留下《竹枝词》《杨柳枝词》《乌衣巷》等名篇。有《刘梦得文集》。

导 语

唐朝有太多著名的诗人，天才浪漫如李白，厚重深沉如杜甫，奇绝瑰丽如李贺，才情别致如杜牧。但要是论到谁是唐朝最倔强坚毅的诗人，那就非我们这一篇的主角刘禹锡莫属了。了解了他的人生，你会忍不住赞叹一句——好强的刘禹锡！

刘禹锡被后人称为"诗豪"，这称号的背后，是他不惧风雨、笑对坎坷的豪迈与豁达。

这要先从著名的"二王八司马"事件说起。

唐顺宗年间，以王叔文为首的政治集团进行了政治革新，实施了一系列有进步意义的措施，但因为触犯了众多势力的利益，遭到藩镇、宦官和大官僚等保守势力的联合反扑，很快就失败了。顺宗被迫退位，主持改革的王叔文被赐死，王伾被贬后病亡，韦执谊、韩泰、陈谏、柳宗元、刘禹锡、韩晔、凌准、程异八人都被贬到边远地区做州司马，后人就称他们为"二王八司马"，称这次事件为"二王八司马"事件，因为是发生在永贞年间，又称"永贞革新"。

八司马当中，有两位是著名的文学家，就是柳宗元和刘禹锡。两个人都长于诗文创作，是至交好友。这一回，柳宗元被贬到永州（今湖南零陵），刘禹锡被贬到朗州（今湖南常德）。说来也巧，好多著名的诗人，都曾被贬为司马，比如白居易也曾被贬为江州司马，后人甚至开玩笑说，司马官职不高，但文学的门槛很高。

古时候，被贬官是一件令人痛苦的事情，何况是被贬到了这样偏远的地方。同时，因为是在政治斗争中失败，被贬的官员还会被当地的官员另眼相看，故意责难。在这样的困境中，刘禹锡强大的精神力量，反而得到了淋漓尽致的展现。

我们先来说说在朗州发生的事情：永贞革新失败，刘禹锡被贬，那一年刘禹锡三十四岁，在人生最得意的时候，却被赶出了朝廷，贬到了偏远的朗州，他心中的苦闷可想而知。可就在那个秋天，他却在朗州写下了自己的代表作之一《秋词》：

自古逢秋悲寂寥，
我言秋日胜春朝。
晴空一鹤排云上，
便引诗情到碧霄。

　　这哪里是一首悲伤苦闷的诗歌，字里行间涌动着的是豁达与乐观。从战国时期的宋玉开始，悲秋就成为诗人笔下的常见主题，诗人借草木凋零、秋风萧瑟抒写内心的孤寂悲凉，这样的例子不胜枚举。刘禹锡直言"自古逢秋悲寂寥"，就是对这种现象的真实概括。刘禹锡心中也有无限苦涩，也有无穷愁苦，他本来也可以顺着前人的路子来悲秋，来借景抒情，排遣心中的悲伤与苦闷。可他偏不，他直接表明态度，喊出了"我言秋日胜春朝"的豪言。这就是自创新说，与众不同。那么他笔下的秋日怎样胜过春朝呢？他把关注点集中在了天空中飞翔的鹤身上。鹤在中国人看来，是很高洁、高贵的动物，像"鹤立鸡群""鹤发童颜"都有对鹤夸奖的意味。秋日晴空,那鹤一飞冲天,排云直上,引得诗情也飞上蓝天。此情此景,多么辽阔高远,多么振奋昂扬。在这里,我们可以认为那鹤就是刘禹锡精神的映射,是他内心情感的体现。鹤投向广阔天空,一往无前,不就是诗人投向广阔世界,一往无前吗?

读到这儿,你是否已经感受到了刘禹锡精神的强大?但,这还远远不够,还有更精彩的故事……

刘禹锡在朗州待了将近十年的时光。十年后,公元815年,刘禹锡终于再次得到了朝廷的召唤,回到了阔别已久的京城。

长安街头,人马往来,尘土飞扬,郊游的人,一个个兴高采烈,他们都是从玄都观游春赏花回来的。玄都观中种植着上千棵桃树,花开时节艳若云霞,美不胜收。刘禹锡欣然前往,回来后,写了一首诗《元和十年自朗州至京戏赠看花诸君子》:

> 紫陌红尘拂面来,无人不道看花回。
> 玄都观里桃千树,尽是刘郎去后栽。

这首诗很快就在京城传播开来。当时的掌权者,也想看看刘禹锡在这十年的贬官时期里,有没有屈服,有没有收敛自己的锋芒。结果,一读诗歌,一脸惊愕!"玄都观里桃千树,尽是刘郎去后栽",玄都

观里的这些桃树，都是在我（刘禹锡）被贬离开京城后栽种起来的。在这两句诗中，刘禹锡毫不掩饰地表达了自己对新的权贵的讽刺：你们这些看起来显赫无比的权贵，不过是在我刘禹锡被排挤出京城后才被提

拔起来的。没有了我，才轮到你们出头。这强烈的讽刺意味，当然毫不意外地再次触怒了当权者。他们立刻上奏朝廷，唐宪宗十分生气，下诏以"心怀怨恨，诽谤朝廷"的罪名，把他贬到比朗州更加遥远偏僻的播州（今贵州遵义）。

播州远在贵州边陲，刘禹锡的母亲已经八十多岁了，根本经受不起路途的颠簸，可留在长安，也是孤苦无依。这让刘禹锡痛苦不已。好在，有好友裴度等人为他求情，最终改为贬往连州（今广州连县）。

连州之后，刘禹锡又历任夔州刺史、和州刺史，在巴山楚水中，凄凉辗转，前后长达十余年的时光。人生能有几个十年时光呀！在第二个十年贬谪期结束后，刘禹锡再一次被召回京城。也许，所有人都会认为，已然从中年迈入老年的刘禹锡终于能够收敛锋芒，屈从现实了吧。我们接着往下看。

刘禹锡这次回到长安城，任尚书省主客郎中，就是个闲官。阳春三月，又是桃花盛开的季节，刘禹锡没有放下让他因诗获罪的玄都观，决定再去看看。来到玄都观，庭院已经面目全非，千株桃树荡然无存，满目萧条破败之景。刘禹锡心中生出无限感慨，立刻又在墙上题下了一首诗《再游玄都观》：

城中，居处变成了一间只能容下一张床、一张桌子、一把小椅子的斗室。刘禹锡这一次也终于忍无可忍了。半年时间，搬了三次家，一次比一次小，最后竟然变成了斗室。这个势利眼的知县，实在欺人太甚。刘禹锡愤然提笔，写下了名作《陋室铭》：

> 山不在高，有仙则名。水不在深，有龙则灵。斯是陋室，唯吾德馨。苔痕上阶绿，草色入帘青。谈笑有鸿儒，往来无白丁。可以调素琴，阅金经。无丝竹之乱耳，无案牍之劳形。南阳诸葛庐，西蜀子云亭。孔子云：何陋之有？

这部作品，可以算作刘禹锡好强精神的最佳代言，也是给那些打压他，期待他屈服的人们最响亮的回答：你虽猖狂，我自坚强。心若烛火，暗夜何妨！

在刘禹锡的笔下，这虽然是一间陋室，但因为有了自己高尚的品质、美好的德行，便成为高雅的地方，如同西蜀扬雄的子云亭、南阳诸葛亮的茅庐一样，是后人心中向往的地方。所以，真正的强，是精神世界的坚强；真正的美，是内心世界的纯善。这就是乐观者不惧困境的豁达，也是自信者笑看坎坷的洒脱。这就是真正的内心强大的刘禹锡。

经过二十余年的贬官生活，从中年来到了老年，宝历二年，也就是公元826年，五十多岁的刘禹锡又被调回了洛阳。他从和州返洛阳，当时白居易正从苏州返洛阳，二人在扬州初逢。与刘禹锡同岁并也有贬谪经历的白居易，深深地理解刘禹锡这漫长贬谪途中的心酸，在宴席上作诗一首赠给刘禹锡，表达了对他的同情。刘禹锡也写诗回赠他，显示了自己的豁达胸襟、坚定信念和乐观精神，这首诗就是《酬乐天扬州初逢席上见赠》：

> 巴山楚水凄凉地，二十三年弃置身。
> 怀旧空吟闻笛赋，到乡翻似烂柯人。
> 沉舟侧畔千帆过，病树前头万木春。
> 今日听君歌一曲，暂凭杯酒长精神。

在巴山楚水这些凄凉之地，艰难地度过了二十三年的贬谪生活。更令人痛苦的是，久别归来，物是人非，那些熟悉的面容已经消失不见，熟悉的光景也变得陌生。

颔联两句，刘禹锡用了两个典故。先说说"闻笛赋"的故事。三国曹魏末年，嵇康、吕安因为不满意司马氏篡权，不肯与司马氏合作，被杀害，他们的朋友文学家向秀有一天经过嵇康的故居，听到邻居有人在吹笛子，不禁悲从中来，就作了《思旧赋》追念朋友。我们前面讲过，刘禹锡与柳宗元是好友，二人参与"永贞革新"，失败后都被贬。他这次又被召回洛阳，但昔日的好友已不在了，他也借这个典故来表达对友人的怀念。

"烂柯人"是用了王质观棋的典故。相传晋代有个叫王质的人，有一天进山砍柴，看到有两个童子在下棋，他就在一旁观看。一局棋还没结束，他一看自己的斧子，才发现那木头的斧柄已经完全腐烂了。于是他就回家，但家乡已经发生了很大变化，与他同时代的人都已经没有了。刘禹锡用这个典故抒发自己被贬二十三年的感慨，也借此表达世事沧桑。

诗歌这几句写了自己的不幸遭遇，感慨世事变迁，有一种怅然若失的意味。从气势上看，似乎是往下沉的，但你以为刘禹锡就要顺着生活的这种安排消沉下去了吗？不！

"沉舟侧畔千帆过，病树前头万木春。"瞧，沉舟之侧，千帆竞逐；病树之前，万木逢春。即便自己已经衰老多病，如同这"沉舟""病树"一般，可是心态依旧年轻，心境依旧乐观，对世界和未来还依然充满着期待。这两句诗鼓舞了无数后人积极面对困境，一往无前。

公元842年，刘禹锡在洛阳病逝。他的一生，成就很多，坎坷很多，最让我们难以忘怀的还是他的性格，豪迈不羁，豁达乐观，百折不挠，担得起"好强"的评价！

第八篇 好游的杜牧

杜牧（803—853），京兆万年（今陕西西安）人，字牧之，唐代文学家。祖父是三朝宰相杜佑，受祖父熏陶，杜牧自幼喜读书，善论兵。大和进士，官至中书舍人。晚年长居樊川别业，世称杜樊川。

杜牧性格刚直，不拘小节。诗、文均有盛名。文以《阿房宫赋》为最著，诗作明丽隽永，绝句尤受人称赞，世称小杜。与李商隐齐名，合称"小李杜"。代表作《泊秦淮》《江南春》《赤壁》《题乌江亭》等，脍炙人口。有《樊川文集》。

国学经典
人物故事

导　语

　　杜牧这位诗人堪称中国古代的旅行达人，他酷爱游览历史文化遗址，用他独特的视角，为我们展开一幅别样的历史画卷。读杜牧的诗就像踏上了一场文化旅程，既长知识，又充满乐趣。怎么样？你准备好了吗？我们就要乘着诗歌的翅膀，沿着长江启程啦！

第一站——南京城

江南春

千里莺啼绿映红，水村山郭酒旗风。
南朝四百八十寺，多少楼台烟雨中。

　　千里江南，莺歌燕舞，桃红柳绿，春意盎然。临

第八篇　好游的杜牧

水的村庄里，依山的城郭中，处处酒旗迎风。南京城里，到处是香烟缭绕的寺庙，亭台楼阁矗立在蒙蒙烟雨中。

　　杜牧来到了长江下游著名的历史文化名城南京。他展示眼前的风景，就像快速移动的电影镜头，从远到近，先是江南千里春景，再拉近到水村山郭，再聚焦于迎风招展的酒旗。他又从眼前景联想到，南京这个地方在南朝时期建了很多佛寺，它们就在烟雨蒙蒙中静静矗立。"南朝四百八十寺"，并不是真的仔细统计了南朝时南京城里有多少座寺庙，"四百八十"只是概说数量之多。那么，为什么南京城里会有这么

多的寺庙呢？这就不得不提到历史上南京城里的两位著名君主了，我们来看两个故事吧。

第一个故事叫康僧会初来南京创寺。明代的《神僧传》记载了这个故事，充满了神异色彩。康僧会是西域大国康居国人，他单名"会"，所以被叫作康僧会。

东吴赤乌十年（247），康僧会来到孙吴，抵达南京。当时的吴国人从来没见过僧人，看他服装奇异，谈吐不同一般，就报告给了君主孙权。孙权在得到禀报后，马上召见康僧会，问他："你所传的佛法，有什么神奇的地方？"康僧会说："我们的创教者释迦牟尼已经去世近千年，可是他的遗骨舍利，依然神光照耀，不灭不毁。"孙权不信，说："如果你能求得舍利，让我亲眼见证神奇，我就为你建造寺塔。但如果你以虚言蒙骗我，我就按国法治你的罪。"康僧会接受了这个挑战，他要求孙权给他七天的时间。

回到寺院后，他打扫干净静室，把一个瓶子放在供桌上，开始虔诚地念经请舍利。转眼间，七天过去了，瓶子里悄无声息，什么也没有出现。康僧会请求再给七天时间，孙权同意了。结果又一个七天过去了，依然没有请来舍利。康僧会再次要求孙权给他七天时间，孙权勉强准许。

很快，最后的期限就要到了，就在黎明即将到来之际，瓶中忽然传来声响，瞬间华光四射，康僧会立即前往观看，瓶中果然有了舍利。

第二天，康僧会把舍利献给孙权，满朝文武大臣一起前来观看，五色光芒，照耀到瓶外。孙权拿起装舍利的瓶子，把舍利倒在铜盘上，铜盘立刻被穿透。孙权又让人用利斧猛砸，轰然巨响后，斧刃断裂。最后，孙权又让人把舍利放入烈火中焚烧，炽烈的火焰中，舍利的光芒穿透火光，照耀四方。孙权大为叹服，肃然道："真是世间罕见！"最终，孙权履行了自己的诺言，为康僧会建造庙寺，名为建初寺。它的建立，是佛教在南方兴起的标志，意义重大。

如果说，佛教在南京城兴起，是孙权的功绩的话，那么，佛教在南京城泛滥，就是梁武帝的过错了。我们来看第二个故事梁武帝出家。

梁武帝萧衍是南朝梁政权的建立者，他早期还是一位不错的皇帝，文治武功，成绩卓著。可自从他笃信佛教后，一切就变了样。他五十岁以后，信奉佛教简直到了入迷的程度，他戒除女色，吃素，衣食简朴，甚至为了守杀生戒，废除了传统的祭祀。他还大肆修建寺庙，一座比一座规模大，这个时候的南京城，寺庙林立。

可就是这样，他依然不满足。在他六十四岁的时候，他竟然入同泰寺（现在的鸡鸣寺）出家了。国不可一日无君，皇帝出了家，大臣们可着急坏了，他们得把天子从寺里赎回来！要赎回天子，那花费可真是巨大啊！总之，梁武帝后来还是被赎出来，回了宫。可两年后，他又舍身出家，群臣捐钱一亿把他赎回；十多年后，他第三次出家，群臣用两亿把他赎回；次年，他第四次出家，朝廷又出了一亿赎金。几来几往，此消彼长，寺庙越来越富，国家却越来越穷。南京城虽然出现了"四百八十寺"的壮丽景观，可梁朝的寿命却也差不多就要终结。

顺便说一下，杜牧在诗中提到六朝古都南京城，讲到南朝时期此地佛教的繁荣，目的是什么呢？其实呀，他是在借古讽今，他所处的晚唐，皇帝崇信佛教，大兴土木，疯狂修建寺庙，劳民伤财，长此以往必将造成国力衰弱，引发巨大的社会危机。已有南朝这个前车之鉴，他怎能不忧怀？

第二站——乌江亭

题乌江亭

胜败兵家事不期,包羞忍耻是男儿。

江东子弟多才俊,卷土重来未可知。

离开南京，继续前行，就来到长江中下游安徽和县的乌江浦，这里相传为西楚霸王项羽自刎之处。杜牧此诗就涉及那场著名战役——垓下之战。我们先来了解下这场战争。

公元前202年，刘邦率领的汉军与项羽率领的楚军展开了最后的决战。刘邦的大将韩信在垓下设下了十面埋伏，引诱项羽军队进入包围圈。楚军被围困，犹如困兽。到了夜里，汉军高唱楚歌，楚军自项羽以下都以为汉军已经占领了全部楚地，不然怎么会有那么多楚人唱歌。这就从心理上给了楚军很大压力，彻底瓦解了楚军的军心。项羽知道自己大势已去，黎明前对着心爱的夫人虞姬唱了那首著名的《垓下歌》："力拔山兮气盖世，时不利兮骓不逝！骓不逝兮可奈何，虞兮虞兮奈若何！"虞姬深爱着项羽，不忍心拖累他，毅然拔剑自刎。天明时，项羽带领着残存的八百骑兵突围南逃。这一路且战且退，来到乌江边时，已经只剩下了二十八名士兵。河边正停着一条小船，乌江亭长催促项羽上船过江，并说："江东虽然小，但土地纵横各有一千里，民众有几十万，也足够您称王了。希望大王快快上船渡江。现在只有我这里有船，汉军到了，就没法走了。"可就在这一刻，项羽却停下了脚步，他对乌江亭长说："这是天要亡我，我怎么能渡江呢？想我项羽从起兵以来，带着江东的八千子弟，横扫中原，战无不胜。可今天遭逢如此大败，八千子弟无一生还，我哪有脸过江去见他们的父母兄弟。就算他们的家人不怪我，我这一生也都无法解脱。"说罢，他将坐骑托付给乌江亭长，带领部下奋勇杀敌，身被十余创，最后自刎而死。

这一段故事被司马迁记录在《史记》，也被后人镌刻在乌江亭的纪念碑文中。项羽在乌江自刎也成为一种英雄壮举。宋朝著名的女诗人李清照就写道："生当作人杰，死亦为鬼雄。至今思项羽，不肯过江东。"称赞他"可杀不可辱"的英雄豪气。可是，杜牧的想法与大多数人一样吗？当然不，人云亦云，那根本不是杜牧的秉性。我们来看看，他的观点是什么？

杜牧的观点非常鲜明，那就是——赶紧过江。为了劝阻项羽自刎，杜牧接连列举了三个重要的理由。

第一，"胜败兵家事不期"。打仗嘛，不是胜利就是失败。所以，哪有失败了就活不下去的。古语说得好，胜败乃兵家常事。你看看对手刘邦，那不就是打了一辈子的败仗，但仍坚持不懈，这次不就实现了逆袭吗？

第二，"包羞忍耻是男儿"。大丈夫应该能屈能伸,哪能只许有成功的荣耀,不接受失败的耻辱呢?就说汉军主帅韩信,当年如果忍受不了胯下之辱,哪来今天统领三军的显赫?

第三,"江东子弟多才俊"。要知道渡过乌江那就是江东了,是人才汇聚之地。如果到了江东,卧薪尝胆,重用人才,或许还可卷土重来,大有一番作为!

如果项羽真的听到了这番话语,改变了心意,或许能创造新的奇迹。可惜杜牧的苦口婆心,项羽哪能知晓,历史当然无法改写了。

第三站——赤壁

赤壁

折戟沉沙铁未销,自将磨洗认前朝。
东风不与周郎便,铜雀春深锁二乔。

一支折断了的铁戟沉没在水底沙中还没有销蚀掉,我自己磨洗后,辨认出这是当年赤壁之战的遗物。假如东风不给周瑜以方便,结局恐怕是曹操取胜，二乔被关进铜雀台。

　　杜牧绝对是一个古代军事爱好者，他这次又来到了赤壁（今湖北武昌赤矶山），这是中国古代三大以少胜多战役之一的赤壁大战的古战场。这古战场的发现还有些偶然。在长江边行走的杜牧突然看到一截断掉的铁戟，兵器的出现，意味着战场的到达。他经过磨洗，辨认出了三国的印记。那一刻，杜牧的心已经飞跃到了三国时空。

　　杜牧对这场著名的战争有什么独特见解呢？我们先来了解一下诗中所提到的这场精彩的战事。

　　公元208年，曹操率二十余万大军南下，孙权和刘备联军五万，在赤壁相拒。曹操军远途到来，士兵疲惫，加上他们又不擅水战，孙刘联军就打算利用这些弱点，用火攻之计。一切准备就绪，大战一触即发。火攻的计划实施了，此时恰好刮起了强劲的东

风,火趁风威,风助火势,孙刘联军大败曹军。

杜牧在分析孙刘联军胜利的原因时,认为决定性的因素是东风,他做了个假设,如果火攻的计划缺少东风,也就是东风不给周郎行方便,战争的胜败情况就要发生变化,历史也将改写。他的假设还有进一步的延伸,如果孙刘联军失败了,东吴的两个著名的美女大乔和小乔就要被曹操掳去,被关在铜雀台了。杜牧做这样的猜想,是以小见大,感叹机遇对人生命运的重要性。

杜牧一生游历四方,用诗歌为我们讲述了许多动人的故事,正是践行了"读万卷书,行万里路"的说法。你以为杜牧的足迹仅仅停留在长江两岸吗?离开水路,比如,在骊山之畔,咸阳之侧,那座中国历史上最雄伟奢华的阿房宫,也可见到他的身影,感兴趣的朋友,快去找来《阿房宫赋》读一读吧。

第九篇 好喻的罗隐

罗隐（833—910），原名罗横，字昭谏，杭州新城（今浙江杭州市富阳区西南）人。唐代文学家。从唐大中十三年（859）底进入京师应进士之试，十多次不第，史称"十上不第"，改名罗隐。光启三年（887），归依吴越王钱镠，后迁节度判官、给事中等职。

罗隐主要著作有文集《谗书》及《两同书》，前者对当时社会进行的揭露和批判相当深刻，有很强的战斗性；后者提出"仁政"，力图提炼出一套供天下人使用的"太平匡济术"。诗集有《甲乙集》，颇有讽刺现实之作，多用口语，在民间流传很广。

导 语

今天我们来讲一个特有意思的诗人——罗隐。他诗如其名,总是喜欢用比喻的方式,把自己的真实意思隐藏起来,让人猜,风格独特。

我们先来说说罗隐人生中的一件尴尬事。

罗隐是晚唐时的著名诗人,他的才华很高,诗名远播。罗隐曾经献诗给当时的宰相郑畋,这在唐代是一种成名的途径。罗隐的诗写得太漂亮了,郑畋的女儿非常喜欢。这姑娘也是个才女,她每次读罗隐的诗,读到"张华谩出如丹语,不及刘侯一纸书"便忍不住在父亲面前再三吟诵,似乎是有倾慕罗隐的心思。

郑畋看出了女儿的心意,便请罗隐来府中做客,让女儿在帘后窥看。这本是罗隐的一次大好机会,然而事情却朝着完全相反的方向发展。原来,在郑畋女儿的心目中,能写出这么漂亮的诗句,罗隐一定是位玉树临风的翩翩公子。她满怀期待地躲在门帘后面窥看，谁知道见了罗隐才发现他相貌非常丑陋。郑畋女儿大失所望，从此再也不读罗隐的诗了。

从这个事我想到了关于钱锺书先生的一件趣事。一个读者打电话给钱先生，说非常喜欢他的文章，想拜见下作者，钱先生回答说："假如你吃了一个鸡蛋觉得不错，又何必要认识那只下蛋的母鸡呢？"作家隐藏在文字后面，跟读者保持一定的距离，或许是不错的选择。

以上所讲只是罗隐人生的一个小插曲，我们还是回到正题，走进他的诗中，去探访，去品味，看看是否能领会他诗歌的真实含义。

蜂

不论平地与山尖，无限风光尽被占。
采得百花成蜜后，为谁辛苦为谁甜？

这是一首朴实而真挚的咏物诗，也是一首意味深远的寓言诗。

在明媚的春光中，成千上万的蜜蜂，在平地上，在山岭中，辛勤地奔波着。每一朵盛开的花朵中，都有着蜜蜂忙碌的身影。你以为白天这样忙碌完就够了吗？回到蜂巢中，蜜蜂们依然不能休息，又要开始辛苦地酿造蜂蜜。它们如此不知疲倦，如此任劳任怨，最终酿造出蜂蜜，是为了谁呢？

你看，罗隐真的就是在描写蜜蜂采蜜、酿蜜，每一个字，都是客观世界的真实呈现。但他似乎又不只是在写蜜蜂，他是在用蜜蜂隐喻谁呢，这首诗有什么深刻含义吗？

这就要结合罗隐生活的时代来理解了。晚唐时期，社会黑暗，统治者贪图享乐，老百姓陷于水火。他们勤勤恳恳，一生辛苦，却受尽压迫。罗隐诗歌里的蜜蜂就暗指辛勤劳作的老百姓，他们像蜜蜂一样，随时都在辛苦操劳，付出很多，但最重要的劳动成果，却被统治者无情地剥夺。

罗隐借描写蜜蜂，第一是要强烈地批判统治者的不劳而获，第二是要赞美劳动人民的辛勤劳动。你看，同样是揭露统治者的黑暗、人民的苦难，李绅笔下是"四海无闲田，农夫犹饿死"，而罗隐是用一个反诘的句子"为谁辛苦为谁甜"来表达,是不是就体现出了诗歌含蓄的魅力呢?

和罗隐同时代的另一位诗人秦韬玉,有一首叫《贫女》的诗,其中有两句"苦恨年年压金线,为他人作嫁衣裳",旨趣和罗隐的这首《蜂》相似,可以对比着阅读。

鹦鹉

莫恨雕笼翠羽残,江南地暖陇西寒。
劝君不用分明语,语得分明出转难。

这首诗就更有意思了,不过,我们需要先了解下诗歌的字面意思。

这里先补充说明下,陇西,就是现在的甘肃西部一带,旧传是鹦鹉的产地,所以鹦鹉也被称为"陇客"。诗人在江南之地看到被剪了翅膀关在笼子里的鹦鹉,由此浮想联翩,引发了诗兴。

整首诗记录了罗隐对一只鹦鹉的劝慰的话:鹦鹉啊,鹦鹉,你不要抱怨这华丽的鸟笼束缚了你的自由,也不要怨恨漂亮的羽毛被剪短。你可要知道,现在你是生活在温暖的江南，这让你远离了原本严寒的故乡陇西。另外，我还得提醒你，不要把人的话学得那么清楚，因为你学得越清楚，人们就会越喜欢你，你要离开这个鸟笼就越难。

你看，这罗隐是不是挺奇怪的，居然在那儿一本正经地劝鸟。然而，这真的是在劝鹦鹉吗？这诗中的鹦鹉，又在隐喻谁呢？大家可以猜一猜。

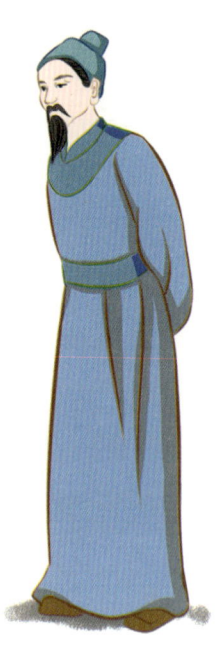

好啦，公布答案：这诗中的鹦鹉，就是在指诗人罗隐自己。这又是怎么回事呢？我们要来了解一下罗隐的人生经历。

罗隐生在唐末乱世，虽然胸怀匡时救世的大志向，但现实黑暗，世道混乱，他并不能如愿一展抱负。他到晚年，五十多岁的时候，选择离开长安，投靠割据江浙一带的钱镠。罗隐在这里算是有了安身之地，过上了较为安稳的生活。按理说，这样的日子罗隐应该过得很舒服吧，可是，真实的情况是罗隐还是心情苦闷，郁郁寡欢。这是为什么呢？

因为罗隐内心依然眷恋着大唐王朝，渴望能有为国效力的机会，在唐灭亡后，他还劝说钱镠举兵讨梁，渴望复国。有了这样一层思想，罗隐就陷入了矛盾之中：一方面，他在吴越生活安定；另一方面，又总害怕这样的生活会损毁自己的志向，束缚自己的自由。

那一天，罗隐走在豪华的王府之中，与一只笼中的鹦鹉偶遇了。看着这只羽毛残损的鹦鹉，他仿佛看到了自己。来，让我们从罗隐的角度，再来重读这首诗：

罗隐啊，罗隐，不要抱怨这江南地区束缚了你的自由，也不要怨恨这安逸的环境消磨了你的志向。要知道这里气候温暖，政局稳定，可不是你之前待的那个战火肆虐、生存艰难的唐王朝了呀。另外，我要提醒你，不要过于表露才华，言行举止要谨慎，否则就容易为自己招惹祸端。

怎么样？罗隐的比喻诗，是不是很深刻？

黄河

莫把阿胶向此倾，此中天意固难明。
解通银汉应须曲，才出昆仑便不清。
高祖誓功衣带小，仙人占斗客槎轻。
三千年后知谁在，何必劳君报太平。

第九篇　好喻的罗隐

诗歌表面上描写的是黄河，其实讽刺意味浓厚，讽刺的对象是谁，又是如何讽刺的呢？我们先来疏通一下诗歌的大意吧。

"莫把阿胶向此倾，此中天意固难明。"不要想着把阿胶投入黄河，使黄河水变得清澈，因为上天为什么要把黄河水弄得这样浑浊，我们很难明白。阿胶是用驴皮熬的胶，相传，阿胶能使浑浊的水变清。可是这滔滔黄河之水，仅仅靠一点儿阿胶是无法变清的。

"解通银汉应须曲，才出昆仑便不清。"黄河上游也叫通天河，相传能直达天上的银河。古人以为黄河发源于昆仑山。这黄河水呀，能与天上的银河相通，它的河道应该是弯弯曲曲的吧，可为什么才离开昆仑山就已经变得浑浊了呢？按照常理，弯曲的河道，水流很缓慢，河水应该是清澈的。

"高祖誓功衣带小，仙人占斗客槎轻。"这两句用了两个典故。前一句用了汉高祖刘邦立朝时的誓言，他曾说即使黄河变得狭窄如衣带，也依然要把功臣的爵禄传给他们的后人。后一句是说张骞曾寻访黄河源头，偶然到达了银河边，遇到了织女与牛郎。张骞回来后向严君平请教才知道自己到了仙人的地界。

"三千年后知谁在，何必劳君报太平。"相传，黄河每五百年就会变清澈一次。罗隐这里夸张为"三千年"。黄河变清是圣人出现、天下太平的征兆。

把以上这些内容结合起来，你能猜到罗隐在用"黄河"隐喻什么了吗？很多人以为是在讽刺晚唐科场。

如果照这样看的话，首联说黄河不清，就是在说科场太污浊。颔联说黄河一出源头就浑浊，是指桑骂槐，进一步指出科场的黑暗，选官用的不是正当手段，被提拔引荐的士子，与贵族大臣私相勾结，发家不干不净。颈联具体揭示了政治体制的腐朽。权贵世代相袭，他们久居高位，把持朝政，也把持选官用人的渠道，而寒门士子，想要出头，比登天还难。尾联借用传说，表达了对革新体制无望的失望。科场的弊端有望清除吗？或许有吧，但那时候诗人的几十辈子孙可能都不在了，即使革新了，对诗人又有什么意义呢？

那么，罗隐为什么会对科举考试有这么大的愤怒与这么猛烈的批判呢？

诗人写作此诗讽刺科举考试显然与他本人参加考试失败的经历有关。罗隐最初还不叫罗隐，他原名叫罗横。他少年就颇富文名，怀有大志。十年寒窗苦读，学业有成的罗隐，准备参加科举考试，为国尽力。但他从二十多岁开始考试，一直考了十多次，都没有考中进士。这个声名远播、才华出众的大诗人，真的没有考中的实力吗？其实，真正的原因恐怕是朝政腐败，考试已经名存实亡，变成了贪腐官员们牟利的工具，人才根本无法通过考试来选拔。这摊科举考试的水就像黄河水一样，澄也澄不清。

一次罗隐又去应试，又一次落榜，他经过钟陵，遇见了歌妓云英，巧的是，他在十多年前就见到过云英。二人重逢，云英忍不住取笑罗隐："十多年了，公子依然是白衣平民呀！"这话让罗隐羞愧至极，他望着这位美貌依旧的歌女，创作了一首自嘲诗：

赠妓云英

钟陵醉别十余春，重见云英掌上身。
我未成名君未嫁，可能俱是不如人？

"我屡试不第，没有成名，你也没能嫁人，可能是因为我们俩都不如别人吧？"你看，罗隐自嘲之余，把这位云英姑娘也给好好地嘲弄了一番。但他这是善意的嘲讽，只是说他们不如人，是因为时运不济。

诗人后来就把名字从罗横改为了罗隐，宣告自己告别仕途，开始隐逸生活。

读了罗隐的诗，你是不是也感受到了比喻这个手法在诗歌中的妙用，是不是心里也痒痒的，想写一首比喻诗了？那就动笔试试吧！

第十篇 好新的王安石

　　王安石（1021—1086），字介甫，号半山。抚州临川（今江西抚州）人。北宋时期政治家、文学家、思想家、改革家。

　　庆历二年（1042），王安石进士及第。任鄞县知县、舒州通判等职，政绩显著。神宗即位，王安石请求改革，与神宗意合。熙宁二年（1069），升为参知政事，次年拜相，陆续推行均输、青苗、农田水利、免税等新法，史称"王安石变法"。因守旧派反对，熙宁七年（1074）罢相。次年再次拜相，九年又罢相，退居江宁（今江苏南京），封荆国公，世称"荆公"。元祐元年（1086），保守派得势，新法皆废，王安石郁然病逝于钟山，享年六十六岁。

　　在文学上，王安石具有突出成就。他的散文雄健峭拔，为"唐宋八大家"之一；诗歌"学杜得其瘦硬"，晚年诗风含蓄深沉、深婉不迫；词写物咏怀吊古，意境空阔苍茫。有《临川先生文集》《王文公文集》两种文集存世。

导 语

在中国历史上有这样一个人物,他名震四海,学问贯通千古;智慧足以通达天道,思辨足以促成行动;文采卓越,足以描绘世间万物;行为卓绝,足以影响天下四方。这个人物是谁呢?他就是我们本篇的主角王安石。而对他做出如此评价的,正是大文学家苏轼。关于王安石,有很多可讲的,我们在这里就先了解下他好新好变的一面吧!

王安石自幼喜欢读书,几乎过目不忘,少小时就显露出出众的才华。他个性刚硬执拗,自视甚高,不甘居于人下;抱负远大,有匡济天下的志向。走上仕途后,政绩卓著。宋神宗即位后,因为仰慕王安石之名,很器重他。他上书言事,也深得神宗赏识。

宋神宗问他,治理国家,应该先做什么。他回答说要先选择正确的方法。神宗问他效法唐太宗怎么样，他回答说为什么要效法唐太宗，要效法尧舜，因为尧舜的方法简单易行，只是这世上的人不懂其中的道理，以为距离我们太过久远，难以学习到什么。神宗就希望他能辅佐自己。

你看，从道路选择上，王安石愿意效法尧舜，而非唐太宗，与时人的认识就不太一样，他在政治治理上很有自己的想法，见解新颖又实用。

熙宁二年（1069），王安石官拜参知政事。当时宋王朝面临着严峻的政治、经济危机，还受辽、西夏不断侵扰，王安石提出当务之急在于改变风俗，确

立法度，神宗同意他的看法，于是重用王安石，设立"制置三司条例司"，议行新法。次年就在全国范围内推行新法，财政方面的政策有均输法、青苗法、农田水利法等，军事方面的政策有置将法、保甲法等。

大家可能对一些政策措施比较陌生，我们来简单了解下。

均输法的关键是徙贵就贱，把产量多、价格低的物品运到产量少、价格贵的地方。比如，甲地盛产苹果，苹果价格贱，乙地不产苹果，苹果价格高，实行均输法就是把甲地的苹果运到乙地，一方面甲地的苹果可以销售出去，另一方面乙地有便宜苹果吃。

青苗法是救济农民的新法子。以前农民会向豪绅地主借债，常常背负很重的利息，被盘剥得很厉害。现在是由政府借钱给农民，利息二分。一年可借两次，也需还两次，每年正月借的话，五月还；五月借的话，十月还。这项措施可在一定程度上减轻农民的压力。

置将法也叫将兵法，是为了改变过去"兵不知将，将不知兵"的状况，在全国各个军事要地设置带兵将领，专门负责训练，这样，兵知其将，将知其兵，大大提高了军队的战斗力。

保甲法规定农村地区住户每十家为一保，五保为一大保，十大保为一都保；凡是一家有两个男丁的，就分一个出来做保丁，保丁就是乡兵。保丁农忙时劳作，农闲时聚集，练习打仗。

这次变法实施了很多种新法，触及了很多人的利益，反对的声音很大，但王安石并不以为意，坚持推行，毫不退缩。

王安石的好新求变不仅表现在他的政治理念和治理措施上，在文学创作上，他也不甘因循守旧，而是敢于创新，常常提出新的观点，引发新的感慨。我们来看看吧。

南朝诗人王籍写了一首很有名的诗歌，叫《入若耶溪》：

> 艅艎何泛泛，空水共悠悠。
> 阴霞生远岫，阳景逐回流。
> 蝉噪林逾静，鸟鸣山更幽。
> 此地动归念，长年悲倦游。

诗中名句"蝉噪林逾静，鸟鸣山更幽"，历来为人们所称道。尤其是唐朝的大诗人王维，非常赞赏王籍诗中这种以动衬静的技法，借鉴此法，也写了一首名作《鸟鸣涧》：

> 人闲桂花落，夜静春山空。
> 月出惊山鸟，时鸣春涧中。

这种写法后来变得很常见，比如韦应物的"独怜幽草涧边生，上有黄鹂深树鸣"，常建的"万籁此俱寂，但余钟磬音"等，都是大家耳熟能详的名句。就在大家都在为以动衬静的写法喝彩时，王安石不以为然，写了首《钟山即事》：

> 涧水无声绕竹流，竹西花草弄春柔。
> 茅檐相对坐终日，一鸟不鸣山更幽。

你读读，这"一鸟不鸣山更幽"难道不是"鸟鸣山更幽"的反义吗？他这是直写，从正面渲染静态。在王安石的世界里，鸟鸣山更幽的逻辑是不可接受的。静就是静，他向往绝对的"静"。

诗歌没有固定的评判标准，虽然后来更多的读者还是更喜欢王籍和王维的写法，批评王安石的写法是点金成铁，但如果我们联系下王安石的经历来看，就会觉得他写得很有深意，让人难以忘怀。这首诗是他变法失败，辞去相位退居金陵，游览钟山时有感而作。他诗中的鸟鸣其实可能指的是那些政敌反对的声音，他表示退位后，再也听不到这些声音，心里很是高兴。

杜牧有一首评述项羽的诗歌《题乌江亭》：

> 胜败兵家事不期，包羞忍耻是男儿。
> 江东子弟多才俊，卷土重来未可知。

这首诗我们前面已经讲过，知道杜牧表达了对项羽乌江自刎的独特见解。杜牧自己就是一个很善于逆向思维的人，他的这首诗，便和大众观点不同。人们大多赞赏项羽自刎的英勇与悲壮，称赞他把尊严看得比生命更重要，是个堂堂男子汉。可杜牧却从另一个角度，为项羽指明了方向：如果卧薪尝胆，知耻而后勇，广纳人才，完全有可能卷土重来。

而王安石又针对杜牧的说法，翻新一层，作诗表明自己的新见，我们来读读他的《叠题乌江亭》：

> 百战疲劳壮士哀，中原一败势难回。
> 江东子弟今虽在，肯与君王卷土来？

你看，杜牧说"胜败兵家事不期，包羞忍耻是男儿"，打仗失败很正常，要懂得忍辱负重，要能屈能伸。可王安石讲"百战疲劳壮士哀，中原一败势难回"，战争频繁，士气低落，中原之战的失败之势难以挽回。

杜牧说"江东子弟多才俊，卷土重来未可知"，聚集人才，卷土重来，或许还可以大有作为。王安石直接拆台:"江东子弟今虽在,肯与君王卷土来?"就算有人才,但他们愿意跟随西楚霸王卷土重来吗?

如果说杜牧是在为项羽翻案,那么王安石可能就是在为历史翻案了。历史大势,顺之则昌,逆之则亡。刘邦得到民心,顺应历史潮流,取得胜利是必然的;项羽失去民心,即使有重来的机会,也逃不开失败的命运。

不仅如此,对于已经有公论的历史人物,王安石也有自己的评价,不愿人云亦云。

司马迁在《史记·孟尝君列传》中称战国四公子之一的齐国孟尝君"善得士",就是善于发掘人才,利用人才。一次,孟尝君率众出使秦国,被扣留在秦国。他的一个门客装成狗夜里潜入秦宫,盗出已经献给秦王的狐裘,以此献给秦王的一个爱妾,请求她救助孟尝君,孟尝君才得以获释。他们立刻起程离开,到了函谷关的时候,正是半夜。按秦国法规,函谷关每天鸡叫才开门。一个门客就学鸡叫,骗得守关士兵开了门,孟尝君这才逃回齐国。从此,孟尝君善得人才的美名,

> 从这个故事中衍生出了"鸡鸣狗盗"这个成语,比喻微不足道的技能。

天下传扬。

可是王安石不以为然，他写了一篇文章《读孟尝君传》：

> 世皆称孟尝君能得士，士以故归之，而卒赖其力，以脱于虎豹之秦。嗟乎！孟尝君特鸡鸣狗盗之雄耳，岂足以言得士？不然，擅齐之强，得一士焉，宜可以南面而制秦，尚何取鸡鸣狗盗之力哉？夫鸡鸣狗盗之出其门，此士之所以不至也。

文章非常短，不足一百字，却拥有强大的战斗力。我们先看王安石反对的观点——孟尝君善于得到人才。那他自己的观点是：孟尝君不过是鸡鸣狗盗之徒的首领罢了。这话说得真不客气。那王安石能拿出说服人的论据吗？我们来看他接下来的几句话。

"擅齐之强，得一士焉，宜可以南面而制秦，尚何取鸡鸣狗盗之力哉？"意思是凭借齐国的强大，如果得到真正的人才，完全可以用实力

压制秦国,哪里需要依靠鸡鸣狗盗之徒的力量呢?王安石这里强调的"士",指真正的治国人才,而不是偷鸡摸狗的"人才"。

"夫鸡鸣狗盗之出其门,此士之所以不至也。"王安石毫不留情地说,正是因为鸡鸣狗盗之徒都在孟尝君那里聚集,所以真正的人才才根本不去他那里,彻底驳斥了孟尝君"善得士"的观点。

面对这篇短文,多少人都想站出来替孟尝君说话,可是,读完之后,都是倒吸一口凉气,甚至,愿意加入王安石的阵营,这恐怕就是思想的力量、逻辑的力量。

王安石是中国历史上有名的政治家、改革家、思想家、文学家,他非常有个性、有才华、有主张、有拗劲儿，我们上面只着重介绍了他好新求变的一面，他身上还有很多很多可去探究、挖掘的点。只说他的个人生活，有趣的方面就不可胜说。像他明明身居高位，却并不讲究仪容威严，不拘小节，不修边幅，常常穿着脏兮兮的衣服，头发不剪，脸不洗，吃东西还喜欢用手抓，甚至因为胡乱吃东西吃坏了肚子……小朋友们如果有兴趣，不妨再去搜集些关于王安石的事迹吧，相信你会有更多发现的！

第十一篇 好吃的苏轼

苏轼（1037—1101），眉州眉山（今属四川）人，字子瞻，号铁冠道人、东坡居士，世称苏东坡。北宋文学家、书法家、画家、美食家。

苏轼是北宋中期文坛领袖，在诗、词、散文、书、画等方面均取得很高成就。诗题材广阔，清新豪健，善用夸张、比喻，在艺术表现方面独具风格，与黄庭坚并称"苏黄"；词开豪放一派，与辛弃疾同是豪放派代表，并称"苏辛"；散文著述宏富，豪放自如，与欧阳修并称"欧苏"，为"唐宋八大家"之一；善书，与蔡襄、黄庭坚、米芾并称"宋四家"；擅画，尤擅墨竹、怪石、枯木等。诗文有《东坡七集》等，词集有《东坡乐府》，存世书迹有《答谢民师论文帖》《前赤壁赋》等，画迹有《枯木怪石图》《竹石图》等。

导　语

　　苏轼在宋朝的名气，那是无可比拟的，连宋哲宗的妈妈——皇太后都是他的铁杆粉丝。他晚年从海南回到常州，带病泛舟运河，沿河两岸万人空巷，人们争相围观。苏轼开玩笑说："莫看杀轼否！"意思是说："难道是要把我苏轼看死吗？"这里苏轼化用了一个典故：看杀卫玠，由此可见他的受欢迎程度。

> 　　卫玠是魏晋时期著名的清谈家，也是有名的美男子，体弱多病，他因被众人围观，疲累无比，竟然病重而死。看杀卫玠后来就用来表示某人风采极佳，为众人所仰慕。

　　林语堂评价苏轼"在中国是主要的诗人和散文家，而且他也是第一流的画家、书家，善谈吐，游踪甚广……"，尤为可爱的是，他还是个地地道道的大"吃货"，对美食有着极大的热情和兴趣，即便在困顿艰难的日子也不废此道。民以食为天，我们就从好吃这个角度，去探访苏轼的美食人生吧。

我们先来说一件苏轼的"吃货"趣事。

皛（xiǎo）饭和毳（cuì）饭

有一天，苏轼跟好友刘贡父说，当年他和弟弟苏辙在蜀中读书时，每日吃三白饭，感觉特别好，不相信人间还有什么其他的美味。刘贡父好奇地问："什么叫作三白饭？"苏轼一本正经地回答："所谓三白就是一撮盐、一碟生的白萝卜、一碗白米饭。"刘贡父听完哈哈大笑。

过了两天，一封请柬送到了苏府，刘贡父说要请苏轼吃饭。请柬上，三个"白"字叠在一起，说就是请吃这个"皛饭"。苏轼很是好奇，自己南来北往，吃尽人间美食，可这"皛饭"却是闻所未闻，便欣然前往。他哪里知道这是刘贡父在寻他开心。到了刘府，只见桌案子上扣着三个盖子，颇为神秘的样子。苏轼满怀期待地一一揭开，发现只摆了盐、萝卜和白米饭，这才明白刘贡父是在戏弄他。既然来了，哪有不吃之理，两人风卷残云，把这三白饭吃了个干净。

苏轼回去后，没过几天也给刘贡父送来请柬，上面写着请刘贡父吃"毳饭"。这下轮到刘贡父一头雾水了。

刘贡父琢磨了一夜，也没弄明白这个"三毛饭"会是什么样子。第二天赴宴，到了苏府，见桌案子上空空如也，什么都没有。苏轼也不着急上菜，只跟刘贡父闲聊，一杯茶一杯茶上着，就是不提吃饭的事儿。刘贡父急了，说：我都饿了，赶紧上饭吧。苏轼说不急，好饭不怕晚。刘贡父只好忍着。

可是又过了好久，苏轼还是没有打算吃饭的样子。刘贡父实在忍不住了，跳起来大叫：你到底是给不给吃呀！苏轼这才慢腾腾地说道："对呀，三毛饭——盐也毛，萝卜也毛，白米饭也毛。"原来，当时的俗语管"没"叫"毛"，就如同今天的网络语言管"没"叫"木"一样。刘贡父听了大笑，说：早知道你要报复我，但不知道居然是这样设计的。

苏轼的人生坎坷多难，他多次被贬官，一次比一次偏远。被贬官应该是无比痛苦的，可是我们发现，每到一个新的地方，苏轼很快就能适应并安定下来，还经常能找到令人眷恋的美味，发现生活的趣味。

常州吃河豚

苏轼有一首很有名的诗《惠崇春江晚景》：

> 竹外桃花三两枝，春江水暖鸭先知。
> 蒌蒿满地芦芽短，正是河豚欲上时。

这是一首题画诗，也就是说，先有了画，再去为画题诗。画画的是诗僧惠崇，他的作品在北宋非常有名。惠崇画完画后，便找来自己的好友苏轼为这幅画题诗。苏轼看着画面，文思泉涌，写下了这首诗。细读一番，你会发现，画面上呈现的是前三句的内容，而这最后一句，却是苏轼看着春江流水、蒌蒿芦芽，不由自主想到了时令美食河豚。

宋代人孙奕所撰的《示儿编》中，记载了一则苏轼吃河豚的逸事。

话说苏轼谪居常州时，爱吃河豚。这河豚可不是普通食材，它本身有剧毒，做法要非常考究，否则稍不留神，吃的人就有送命的风险。一位官员因为家里烹制河豚有独到之处，便想请大名鼎鼎的苏轼吃一顿。苏轼当然不会拒绝美食的诱惑，高兴前往。这官

国学经典
人物故事

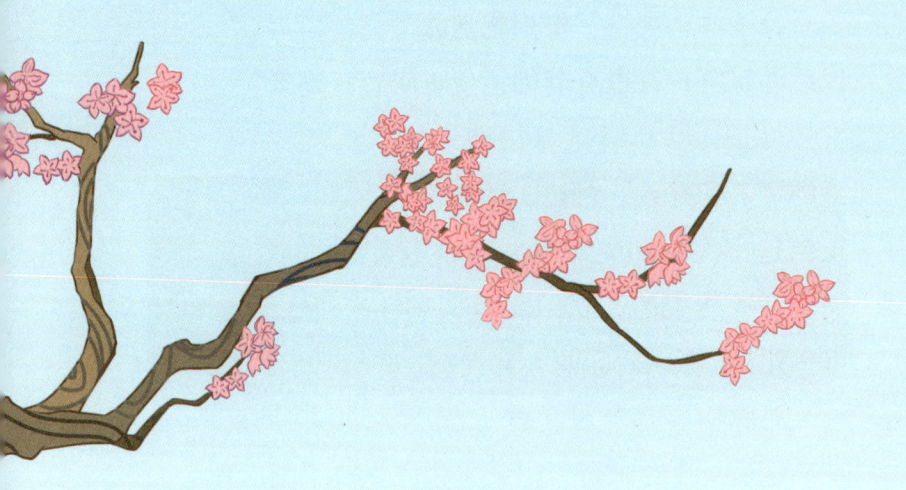

第十一篇 好吃的苏轼

员全家都非常兴奋，等到苏轼吃河豚时，一起躲在屏风后面，所有人屏息凝神，想听听大文豪的品评。

可是，就只听见苏轼埋头进食的声音，没有丝毫的赞美和好评。难道，他并没有被这道美食征服？正当这家人感到失望时，喝完最后一口汤，打着饱嗝、停下筷子的苏轼，突然感叹道："这美味，也值得一死！"屏风后面的人都大感欢喜。

河豚实在是苏轼美味人生不得不提的部分，也唯有明白了这一点，才能真正读懂这首《惠崇春江晚景》暗藏的美食情结吧。

黄州吃猪肉

元丰二年（1079），苏轼被调为湖州知州，后来因为作诗"谤讪朝廷"罪被贬黄州，这就是著名的"乌台诗案"。到了黄州后，他惊喜地发现，当地猪多肉贱，他便亲自动手烹饪，创制了风靡后世的"东坡肉"。为这道美味，苏轼动了不少脑筋，还总结经验，写了一首食谱诗：

食猪肉诗

黄州好猪肉，价贱如粪土。
富者不肯吃，贫者不解煮。
慢着火，少着水，火候足时他自美。
每日起来打一碗，饱得自家君莫管。

宋代有些地方不喜欢吃猪肉，以羊肉为美味，但因为羊肉价高，一般人家吃不起，又限于烹饪方式，他们没能掌握把猪肉做得好吃的方法。苏轼的这道"东坡肉"把普通的食材烧制得美味无比，秘诀就在于：一是要文火慢炖，二是要少加水，三是要火候足。

后来，苏轼离开黄州，去往杭州任职，也把东坡肉的做法，带到了杭州。据说在杭州，这东坡肉的做法还发生了一次有趣的改良。苏轼在杭州发动百姓疏浚西湖，清淤筑堤。杭州百姓为了感谢他，送来了猪肉和黄酒。苏轼就让家人把猪肉烧好，配上黄酒送给筑堤的百姓吃。哪知道家人给听混了，以为是要把黄酒和猪肉一起烧。谁承想这样烧出来的东坡肉更加香醇美味，简直是舌尖上的享受，老百姓便纷纷效仿这样的做法。从此，黄酒版的东坡肉就成了杭州的传统名菜，名扬四海。

惠州吃荔枝

苏轼的贬官之路还在继续，绍圣三年（1096），他又被贬到了令人闻之变色的岭南惠州。这是一个什么样的地方呢？我们可以从前人的经历中来了解一番。

　　初唐时有个诗人叫宋之问，他因罪被流放到岭南，仅仅六个月后，他便冒着杀头的风险逃跑了。在他看来，逃亡之路尽管危险，九死一生，可留在岭南那是必死无生。

　　中唐时著名的文学家韩愈因为上《谏迎佛骨表》反对迎佛骨入京，触怒唐宪宗，被贬往岭南之地的潮州。韩愈不像宋之问这般懦弱，慷慨前往，可是他在给前来送行的侄孙韩湘的诗《左迁至蓝关示侄孙湘》中说"知汝远来应有意，好收吾骨瘴江边"，意思是：知道你远道而来应是料到我此去凶多吉少，正好在潮州瘴气弥漫的江边收好我的尸骨，表达了对前途的绝望和灰心。

　　由此可见，当时的岭南一带不仅偏远，还凶险。谪人迁客流落此蛮荒之地，往往发出嗟叹哀怨之辞，可苏轼却随遇而安，表现得非常乐观。他爱上了岭南的风物，爱上了荔枝。为此，他又写下了一首著名的诗歌《食荔枝二首》（其二）：

> 罗浮山下四时春，卢橘杨梅次第新。
> 日啖荔枝三百颗，不辞长作岭南人。

第十一篇 好吃的苏轼

惠州虽然偏远，但自然环境非常优越，尤其盛产水果。在这里，珍贵的水果荔枝可以敞开了吃，你瞧，苏轼说要"日啖荔枝三百颗，不辞长作岭南人"，意思是：如果能每天吃三百颗荔枝，我愿意永远都做岭南人。医生会严肃地告诉他，荔枝性热，吃那么多，你不怕喷火吗？当然我们知道，这是诗人的夸张，但我们可以从中读出他的坚强和乐观，哪怕是在惠州这样荒僻的地方，他依然能够找到生活的阳光。我们真的要给苏轼点一个赞。

另外可以试着推想一下，苏轼为什么那么爱吃荔枝？荔枝在中国主要产在南方，其中一个重要的产地，就是苏轼的故乡四川。唐朝诗人张籍在《成都曲》中写道"锦江近西烟水绿，新雨山头荔枝熟"。可见，四川也大量种植荔枝。苏轼或许从小就吃着家乡的荔枝，爱上了这甘美的味道。来到惠州，吃着荔枝，他可能就有一种在家乡的感觉。那熟悉的味

道，那空气中弥漫的芬芳，都让他的精神为之振奋。

儋州吃生蚝

你以为遥远的惠州就是苏轼贬谪的尽头了吗？那就错了，绍圣四年（1097），苏轼再次遭逢重创，被贬到了海南岛儋州。在宋朝，被贬到这里，对一个文官来说几乎是最严重的惩罚。这次真是到了天涯海角，到了个"食无肉，出无舆，居无屋，病无医，冬无炭，夏无泉"的不毛之地。但即便如此，他还是在美食上获得了慰藉，这次，他发现了生蚝的美味。

元符二年（1099），苏轼写了一封关于吃蚝的书信："冬至前二日，海蛮献蚝，剖之，得数升，肉与浆入水，与酒并煮，食之甚美，未始有也。"翻译过来意思就是：冬至前两天，当地人给我送来了生蚝，我把这些生蚝剥出来几升肉。然后带着浆放到水里，加入酒一起煮熟，那味道真是好啊，我之前都没吃到过这样的美味。接着，他又介绍了第二种生蚝吃法："取其大者，炙熟，正尔啖嚼，又益吾所煮者。"意思是把个头大的挑出来烤熟了吃，比煮着吃还要美味呢。

更为有趣的是，在说完吃法后，他又告诫说："每戒过子慎勿说，恐北方君子闻之，争欲为东坡所为，求谪海南，分我此美也。"意思是：常常叮嘱儿子苏过可千万不要把生蚝的事情说出去，要是这个秘密被知道了，恐怕那些北方人听说这里有这么好吃的东西，就该学我，求着皇帝把他们贬到海南来，跟我抢这天下的美味。后人评价他"以贤君子望人"，即以君子之心想象别人。这种幽默风趣或许只有苏轼可以做到吧。

苏轼晚年曾写下一首总结人生的诗歌《自题金山画像》：

> 心似已灰之木，身如不系之舟。
> 问汝平生功业，黄州惠州儋州。

这首诗读来很有意思。在总结自己的一生时，苏轼想到的不是庙堂之上的辉煌，而是他人生最幽暗的岁月里，在贬谪地黄州、惠州、儋州度过的时光，把它们作为平生功业。或许在失意的岁月里包容他的土地，才是他最重要的精神家园，那些躬耕于田间或泛舟于湖上、烧东坡肉、啖荔枝、吃生蚝的时刻才是他最值得怀念的日子！

读到这儿,我们就可以知道,每一份美食的快乐背后,闪耀的都是苏轼性格中的乐观与豁达。人生从来都充满了风雨,而能笑对坎坷、品味艰难的人,都有着伟大的灵魂和强大的精神。这才是好吃的苏轼最令我们敬佩的地方。

第十二篇 好醉的李清照

李清照（1084—约1151），号易安居士，齐州章丘（今山东济南市章丘区西北）人。南宋女词人，婉约派代表，有"千古第一才女"之称。

李清照出身书香门第，早期生活优裕，其父李格非藏书丰富，她小时候就在良好的家庭环境中打下文学基础。出嫁后与丈夫赵明诚共同致力于书画金石的搜集整理。金兵入据中原时，流寓南方，境遇孤苦。所作词，前期多写其悠闲生活，后期多悲叹身世，情调感伤。形式上善用白描手法，自辟途径，语言清丽。论词强调协律，崇尚典雅，提出词"别是一家"之说，反对以作诗文之法作词。能诗，留存不多，部分篇章感时咏史，情辞慷慨，与其词风不同。

有《易安居士文集》《易安词》，已散佚。后人辑有《漱玉词》。

导 语

她是南宋词坛的一座高峰，是中国文学史上最著名的女词人，也是文坛上唯一一个可以和柳永、苏轼等大家并论的女词人，她就是被誉为"千古第一才女"的李清照。

古代文人都爱酒，李清照虽是女子，但也不逊须眉。阅读李清照的词作，你会发现，她的一生真是与酒相伴的一生，而且往往爱喝醉，醉酒中展露出真性情，时而天真烂漫，时而细腻缠绵，时而悲苦凄凉，令人感叹连连。

接下来，就让我们结合作品，去探寻不同时段里，李清照与酒的故事吧。

第十二篇　好醉的李清照

少年时的醉——我与鸥鹭来相会

> **如梦令·其一**
> 常记溪亭日暮，沉醉不知归路。兴尽晚回舟，误入藕花深处。争渡，争渡，惊起一滩鸥鹭。

少年时期的李清照，日子过得舒心而美妙。她写下不少记录那段时期的作品，最有名的就是两首《如

梦令》。那时的李清照才十六七岁,青春洋溢,无忧无虑,尽享人世间的岁月安好。文学上,前辈晁补之、张耒对她关爱有加,赞赏不已。一切都是那么美好。这一时期,李清照常常与好友欢聚饮酒,大醉方归。《如梦令·其一》就描写了李清照一次醉酒后的奇妙旅行。

"常记溪亭日暮,沉醉不知归路。"记得有一次在溪边亭子里伴着小溪流水,喝到落日黄昏,大醉后连回家的路都不记得了。

"兴尽晚回舟,误入藕花深处。"尽情游赏够了,天色也晚了,我划着小船,却一不留神,就划到了莲藕丛生的水域深处。密密的荷叶,亭亭的荷花,挡住了我回家的路。

怎么看出人醉得很厉害呢?如果是平时这样划到了藕花深处,依照词人的修养,她或许还会在美如画的风景里,写一首小词,与十里荷塘一同欣赏。可是,醉酒后的词人,完全是另一副模样。

"争渡,争渡,惊起一滩鸥鹭。"在这样一个静谧的夜晚,词人却在大力划桨,焦急寻找出路,因此惊飞了还在休息的水鸟。

所谓"少年情怀自是得",李清照把

这可爱的一幕记录下来，这样的生活内容，这样的率真肆意，正表现了词人青春时期的野逸之趣。

> **如梦令·其二**
> 昨夜雨疏风骤，浓睡不消残酒。试问卷帘人，却道海棠依旧。知否，知否？应是绿肥红瘦。

十六七岁的少女，最容易敏感忧伤。落花时节，芳菲凋零，词人惜花伤春，饮酒过量，大醉而眠。

"昨夜雨疏风骤，浓睡不消残酒。"词人喝得有多醉？经过长时间的深度睡眠，依然无法让酒意完全消退，头还在隐隐作痛，四肢慵懒无力。不过她身体虽然还没有完全醒来，可思绪已经恢复了清醒。

"试问卷帘人，却道海棠依旧。""夜来风雨声，花落知多少"，昨夜的风雨是否让本已经衰残的春意，更加不堪？词人关心花事，却又怕亲眼看到落花，只是试探着询问院中最中意的海棠花的状况。为她卷帘的丫鬟并没有一颗多愁善感的心，只是敷衍地看了一下，说："海棠花和昨天一样，没有什么差别。"听了这话，词人疑惑不解，"雨疏风骤"之后，海棠花怎会"依旧"？

"知否，知否？应是绿肥红瘦。"这大概是李清照最有人气的句子之一。

第一，写得很有创意。你知道什么是"绿肥红瘦"吗？就是说花少叶多。这本来是花草面临风雨之后的自然结果。"绿肥红瘦"的表达很有创造力，不直接说花说叶，用"绿"代替叶，用"红"代替花，颜色对比鲜明；不直接说花残叶盛，用"肥"形容叶子受雨水滋润后舒展茂盛，用"瘦"形容花朵经风吹雨打凋谢衰败，姿态对比鲜明。只四个字，就写出了春天消逝，夏天到来的景况，给足了人们想象的空间。

第二，写得很有情趣。你看词人本来是在询问卷帘人，可是听到答案后，却大感疑惑，她给出的回答既像反诘，也像是在自言自语。她在问之前，心里已经有了大概的判断，只是不忍看花朵残败，问一问，其实是给自己缓冲的时间。这种幽微的心思，细腻的情感，是粗心的小丫头很难探知到的。

小朋友，你能体会到李清照这首词中所表现的细腻情感吗，能体会到"绿肥红瘦"的妙处吗？

成婚后的醉——滴滴都是相思泪

醉花阴

薄雾浓云愁永昼,瑞脑销金兽。佳节又重阳,玉枕纱厨,半夜凉初透。

东篱把酒黄昏后,有暗香盈袖。莫道不销魂,帘卷西风,人比黄花瘦。

这首词的背后,还有一个非常有趣的故事呢。

公元1101年,十八岁的李清照和二十一岁的赵明诚在汴京成婚。赵李两家门当户对,李清照和赵明诚也情投意合,婚后的生活幸福美满。可是,两人仅仅相聚了一年的时光,赵明诚就"负笈远游",这对年轻的夫妻被迫分离了。

到了1103年的重阳节,独居在家的李清照无比思念自己的丈夫,便提笔给丈夫写了一首词作《醉花阴》。赵明诚收到妻子的来信后,读了这首词,兴致大发,一口气写下了好多首词。他写完之后,把妻子的作品和自己的作品混在一起,拿去让友人陆德夫来品评鉴赏。

陆德夫认真品评后，对赵明诚说："所有作品之中，唯有三句最佳。"赵明诚赶紧追问："哪三句？"陆德夫回答道："莫道不销魂，帘卷西风，人比黄花瘦。"听到这回答，赵明诚说："看来，我确实比不上我的妻子呀！"算是对李清照的才华心服口服了。

是呀，这三句，不仅是文学评论家心中的最佳，也被后世誉为李清照所有作品中最好的句子之一。我们来进入作品，欣赏一番。

"薄雾浓云愁永昼，瑞脑销金兽。"新婚后不久就与丈夫分离，词人心中的苦闷可想而知。这天气似乎也在为她渲染氛围，薄雾浓云如同心中的忧愁一般笼罩着李清照。一整天的时光，度日如年，白天总也过不完。香炉里的熏香已经燃烧殆尽。古人常常把香炉制作成瑞兽的形态，所以称之为"金兽"，而瑞脑是宋朝人常用的一种熏香。漫长的白天，终于熬完。你以为，词人就能解脱了吗？

"佳节又重阳，玉枕纱厨，半夜凉初透。"漫长的黑夜来临了。平时里，就已经无比思念丈夫，更何况到了这"每逢佳节倍思亲"的重阳。词人辗转反侧，彻夜难眠，默默地忍受着夜晚的孤独与凉意。

白昼难挨，黑夜难熬，日夜交替的黄昏时分，又会怎样呢？

"东篱把酒黄昏后，有暗香盈袖。"把酒赏菊本是重阳佳节的一个重要节目，大概是为了应景吧，即使没有心情，词人也还是强打起精神"东篱把酒"，赏菊花。"东篱"是用了陶渊明的典故。陶渊明写了很多首《饮酒》诗，其中第五首最著名，有"采菊东篱下，悠然见南山"的名句。"暗香"是指菊花盛开。但饮酒赏菊真的能宽解词人的满腹愁怀吗？并不，反倒是掀起了更大的情感波澜。

"莫道不销魂，帘卷西风，人比黄花瘦。"晚来风急，寒意瑟瑟，词人感叹"人比黄花瘦"。这是多么新奇的比喻，以花木的瘦，来说人的瘦，有了菊花的衬托，这份相思的苦就化抽象为形象，我们仿佛能看到重阳佳节西风凉院佳人独对瘦菊的画面。这画面中的每一个事物，都充满着悲凉的孤独，再加上一个夸张的比较——人比菊花还瘦，完美地把词人心中的苦表现了出来。

"别离"贯穿了李清照婚后的很长一段时光,"此情无计可消除,才下眉头,却上心头",离愁之苦、相思之情无法排解,只好借酒浇愁。

老年时的醉——一生愁苦谁体会

声声慢

寻寻觅觅,冷冷清清,凄凄惨惨戚戚。乍暖还寒时候,最难将息。三杯两盏淡酒,怎敌他、晚来风急!雁过也,正伤心,却是旧时相识。

满地黄花堆积,憔悴损,如今有谁堪摘?守着窗儿,独自怎生得黑!梧桐更兼细雨,到黄昏、点点滴滴。这次第,怎一个愁字了得!

这首《声声慢》恐怕是李清照一生中最悲苦的词了。晚年的李清照发出了"这次第,怎一个愁字了得"的感叹。显然,愁字已经无法形容她心中的苦痛,那她这一辈子到底经历了哪些极致的苦难呢?

第一，亡国之恨。李清照很不幸，亲身经历了北宋的灭亡。1127年，金军攻破了汴京城，俘虏了徽宗、钦宗二帝，北宋灭亡。后来金军又大举南下，李清照被迫跟随南渡的朝廷逃亡，生活变得极度艰难。

第二，丧夫之悲。李清照和丈夫赵明诚感情很深，恩爱无比。可是，二人年轻时被迫分离，后来又遭逢国家的灾难，聚少离多。到了1127年，李清照终于南渡与丈夫团聚。本想着虽然遭逢乱世，但夫妻二人互相扶持，生活平淡也温馨，不幸的是，老天又给了李清照重重一击，仅仅两年后，赵明诚就因病离世。从此，就剩下了李清照孤零零一人在这乱世中风雨飘摇，孤独落寞，苦不堪言。

第三，失书之痛。李清照和赵明诚都酷爱文学，收藏了大量的典籍。赵明诚还是著名的金石学家，家中储藏有不少珍贵的金石铭文。北方沦陷，李清照倾尽全力，载书十五车，南下与丈夫会合。后来赵明诚去世，李清照独自一人随流亡中的朝廷到浙东，饱尝颠沛流离之苦，藏书和财产也几乎都在逃难中丢失了。

这首《声声慢》正是在这样的背景下，孕育而生。"寻寻觅觅，冷冷清清，凄凄惨惨戚戚"开头连用十四个叠字，字字饱含人世间最孤独的愁苦，令人不忍细读。

"三杯两盏淡酒，怎敌他、晚来风急！"这是李清照人生中最难喝下的酒。淡酒不解浓愁，想醉，也终不可得了。晚年的李清照，被迫清醒地活在生活的苦痛中，聆听着黄昏的雨滴，诉说一生的愁苦，此中滋味，谁能体会？

从少年时的欢饮陶醉，到婚后的借酒解相思，再到老年时的借酒消愁愁更愁，我们读李清照的词，有没有从她的好酒好醉中更了解了这个人呢？

第十三篇 好悲的陆游

陆游（1125—1210），字务观，号放翁，越州山阴（今浙江绍兴）人，尚书右丞陆佃之孙，南宋文学家、史学家、爱国诗人。

陆游生当北宋灭亡之际，少年时即深受家庭中爱国思想的熏陶，一生致力于收复中原，但终不可得。

陆游一生笔耕不辍，诗词文具有很高成就。其诗语言平易晓畅，章法整饬谨严，兼具李白的雄奇奔放与杜甫的沉郁悲凉，尤以饱含爱国热情对后世影响深远。词与散文成就亦高，宋人刘克庄谓其词"激昂慷慨者，稼轩不能过"。有《剑南诗稿》《渭南文集》《老学庵笔记》《南唐书》等。

导　语

　　白居易曾经在《寄唐生》一诗中写道："贾谊哭时事，阮籍哭路歧。唐生今亦哭，异代同其悲。"贾谊是西汉初期杰出的政治家、文学家，他因为上疏言事，得到汉文帝赏识，后为人所忌，出为长沙王太傅，他曾说"窃唯时势可为痛哭"；阮籍是魏晋时人，"竹林七贤"之一，他因不满司马氏的黑暗统治，常常借酒浇愁，有时独自驾车出游，走到无路可走的地方，就恸哭而返。各人虽然所处时代不同，但哭泣的性质相同。在中国文学史上，伟大的诗人总会因为心中赤诚的热爱，而对家国的苦难生发无尽的悲哀。这其中，感情最炽烈，影响最深远的，恐怕就要数陆游了。

　　陆游的一生，就是爱国的一生。他一辈子的志向、一辈子的悲愤，都藏在他这首著名诗歌《书愤》中：

> 早岁那知世事艰，中原北望气如山。
> 楼船夜雪瓜洲渡，铁马秋风大散关。
> 塞上长城空自许，镜中衰鬓已先斑。
> 出师一表真名世，千载谁堪伯仲间。

陆游生活在南宋。那个时代的人们都背负着一份巨大的耻辱——靖康之难。公元1127年，金军大举南下，攻克大宋首都汴京（今河南开封），掳走了徽宗、钦宗二帝，北宋灭亡。首都陷落，皇帝被俘，国土沦丧，人民失所，从此以后，南宋的有识之士、爱国之臣，都渴望着北伐抗金，收复失地，一雪国耻。陆游就是其中的一位，他的一生都在为这件伟大的事业而奋斗。

"早岁那知世事艰，中原北望气如山。"陆游当年亲临抗金战争第一线，北望中原，豪气干云，坚信能够收回失地。可是事实上，根本没有他想的那样简单，其时朝廷内投降派和享乐派当政，主战派遇到不少波折、阻拦，收复北地，颇为艰难。

"楼船夜雪瓜洲渡,铁马秋风大散关。"在陆游的一生中,他有两次差点儿触及梦想的边缘。

第一次,是在他三十九岁那年。隆兴元年(1163),右丞相张浚统帅江淮各路军马,驻防长江,一时间,楼船云集,军容雄壮。当时陆游在镇江府任通判,他非常兴奋,积极支持张浚北伐。然而,事实再一次让陆游失望,张浚在符离大败,被迫南撤。

第二次,发生在陆游四十八岁时。乾道八年(1172),四川宣抚使王炎积极筹划收复中原的大计。陆游斗志昂扬,主动加入。他奔赴南郑,亲身前往大散关前线,实地考察,收集情报,研究对敌策略。在前线几个月忙碌的生活,是陆游一辈子最难忘的日子,每天都伴随着梦想的号角醒来,奔走在实现梦想的伟大征程上。可惜的是,因为投降派的阻挠,王炎被调回临安(今浙江杭州),陆游等幕僚也解散了,这近在咫尺的北伐梦再一次破碎了。

你看这第二联,十四字的追忆,概括了陆游激情燃烧的岁月,有多少激愤和沉痛在其中啊!壮志难酬,悲上心头,陆游心中不禁浮现出两位古人的形象。

"塞上长城空自许,镜中衰鬓已先斑。""塞上长城"这一句,是用了南朝刘宋名将檀道济的典故。檀道济是有名的将领,一生戎马倥偬,战功卓著,因为有他镇守边境,北魏不敢轻举妄动,于刘宋而言,作用堪比万里长城。但他功高震主,惨遭冤杀,檀道济在抓捕他的军队到来时长叹道:"你们这是自毁长城啊!"陆游这里是把自己比作檀道济,想成为守护国家的万里长城,可惜,"空自许",不过是自己的一场梦而已,转眼间,须发已斑白。

"出师一表真名世,千载谁堪伯仲间。""出师一表"一句提到了大名鼎鼎的蜀汉丞相诸葛亮。陆游在这里想起诸葛亮,不是因为诸葛亮那广为人知的智慧,而是因为他那令人敬佩的为理想坚持的精神。北方曹魏势力壮大,可是诸葛亮不忘复兴汉室的伟大志向,兴兵北伐,鞠躬尽瘁,死而后已。这让陆游悲伤不已:为什么自己所处的时代,就没有诸葛亮这样伟大的臣子呢?为什么同样面对北方的强敌,南宋政权

就如此懦弱畏惧呢？

　　收复中原失地，陆游一直在期许、等待，希望在有生之年能够如愿。可惜直到人生的暮年，衰朽不堪，却依然没有看到一丝曙光。陆游知道，他终究还是等不到理想实现的那一刻了，心里的悲哀越发强烈。他又写下了一首著名的作品《诉衷情》，记录自己梦碎的感叹：

> 　　当年万里觅封侯，匹马戍梁州。关河梦断何处，尘暗旧貂裘。
> 　　胡未灭，鬓先秋，泪空流。此生谁料，心在天山，身老沧洲。

　　"当年万里觅封侯，匹马戍梁州。"开头这两句，陆游再现了往日奔赴战场前线的英雄姿态，所谓"当年"就是我们在《书愤》里讲到的他曾追随王炎亲身参加抗金的经历。"觅封侯"，用了汉朝投笔从戎，"立功异域，以取封侯"的班超的典故。陆游和班超有着同样的志向，却没有同样的机遇。班超驰骋疆场，威镇西北，被封为定远侯，可陆游除了曾经在梁州前线的八个月军旅时光，就再也没有了追逐梦想的机会。

"关河梦断何处，尘暗旧貂裘。"陆游在这里使用了苏秦的典故。当年苏秦踌躇满志，前往秦国想要实现抱负，谁知道百金散尽，貂裘蒙尘，一事无成，只得狼狈地回到了故乡。此后，苏秦锥刺股，日夜苦读，后来受六国相印，缔结合纵联盟，达成了伟大的成就。而我们的主人公陆游从梁州前线回归故里，却再也没能得到实现抱负的机会。

"胡未灭，鬓先秋，泪空流。此生谁料，心在天山，身老沧洲。"这是陆游感人的心声：北方的敌人还没有消灭，而我却已经衰朽不堪，想着平生的志向，也只能泪水空流。这辈子谁能想到，我的心还在前线驰骋，而衰朽的身体将要老死故乡。理想和现实如此格格不入，这真挚而深沉的悲哀，真是刻骨铭心！

宋宁宗嘉定二年（1210），陆游的生命走到了尽头，他在临死前写下了《示儿》一诗：

> 死去元知万事空，但悲不见九州同。
> 王师北定中原日，家祭无忘告乃翁。

"示儿",就是写给儿子们看,这是陆游的绝笔诗,也是他的遗嘱。陆游在诗里说:本来就知道,死去了就和人世没有什么牵连了,但心心念念感到痛心的还是国家没有统一。等到收复中原失地的那一天到来,你们举行家祭,千万不要忘记告诉我啊!

　　我们常常为诸葛亮"鞠躬尽瘁,死而后已"的精神感动,为曾子"死而后已,不亦远乎"的坚持动容,但陆游"死前恨不见中原"的悲恸更令人钦佩,因为前人对家国的爱,到死方休,而陆游这首诗告诉我们,他对家国的爱,那是至死不休,死了还要爱。

　　这就是伟大的爱国诗人陆游,他一生为国抗争,却终究留下了一生的悲伤。读他的爱国诗歌,我们怎能不心潮起伏,热血涌动,又怎能不被激发出强烈的爱国激情?

第十四篇 好读的朱熹

朱熹（1130—1200），字元晦，又字仲晦，号晦庵，别称紫阳，谥号文，故世称朱文公。祖籍徽州婺源（今属江西），生于南剑州尤溪（今属福建）。南宋时期理学家、思想家、教育家。

朱熹是"二程"（程颢、程颐）的四传弟子，与二程合称"程朱"。他是理学集大成者，被后世尊称为朱子。他的理学思想影响很大，在明清两代被提到儒学正宗的地位。

朱熹博览群书，广泛注释典籍，对经学、史学、文学以至自然科学等都有不同程度的贡献。他著述很多，有《四书章句集注》《周易本义》《诗集传》《楚辞集注》等。

导 语

在纪念孔子的文庙，大成殿里面除了供奉孔子的塑像外，两边还有孟子、颜子、曾子、子思的塑像，称为"四配"，后面还有儒家的"十二哲"：闵子骞、冉仲弓、子贡、子路、子夏、子若、冉伯牛、宰予、子有、子游、子张、朱熹。

你有没有发现，在"四配""十二哲"的名单里面，有两个人与其他人明显不同？那就是战国时期的孟子和南宋时期的朱熹，他们不是孔子的弟子，但因为都是儒家思想发展史上里程碑式的人物，所以也被列入受祀行列。

就地位而言，后世将朱熹与孔子、孟子并列为儒门三圣。朱熹是理学的集大成者，他的理学思想影响极大，在明清时期，甚至成为儒学正宗。他所作《四书章句集注》，也成为后世学子必学的教材和科举考试的主要内容来源。

那么，朱熹是如何取得如此伟大的成就的呢？我

第十四篇 好读的朱熹

以为是好读书。我们就来看看吧。

朱熹年纪小小,就聪慧异常,表现出强烈的求知欲和好奇心。他刚刚会说话的时候,一次,父亲指着天对他说:"这是天。"朱熹问:"天之上是什么东西呢?"他父亲感到很惊讶,就更加重视对他的教导。他跟着老师学习《孝经》,说"不若是,非人也",说明他已经有了对孝道的认识。他曾经和一群小孩一起玩沙子,他自己用手指头画沙,一看,原来画的是八卦。

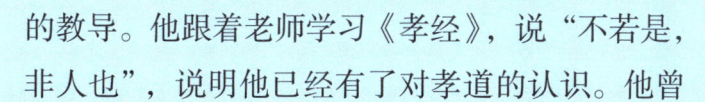

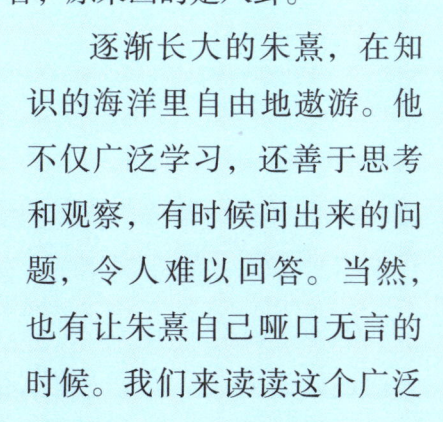

逐渐长大的朱熹,在知识的海洋里自由地遨游。他不仅广泛学习,还善于思考和观察,有时候问出来的问题,令人难以回答。当然,也有让朱熹自己哑口无言的时候。我们来读读这个广泛

161

流传的故事——买东西。

一天,朱熹在街上碰见自己的朋友盛温如提着个竹篮子,就问他:"你是要去干什么?"盛温如回答说:"我去买东西。"谁知道,朱熹突然来了兴趣,拉着朋友又问了一句:"你为什么说买东西,不说买南北呢?"本以为,这么一问会让对方无从回答,哪知道盛温如思考了一下,回答道:"你看我手中提的是竹篮子,北方属水,竹篮打水一场空;南方属火,竹篮更是没法装;而东方属木,西方属金,木头和金属就可以用竹篮装呀!所以,我只能买东西,不能买南北。"朱熹没想到这些平时学过的知识还能这样运用,他深感受益。

这个故事告诉我们,读书不仅仅只是获得知识,还要学会融会贯通,运用所学到的知识。

还有一次,朱熹从建阳到泉州同安县赴任,路经莆田时,去夹漈草堂拜访郑樵。郑樵是宋代著名学者,一生不应科举,刻苦学习,在经学、史学等方面都有极高成就。郑樵见朱熹来,很高兴,招待他吃饭,桌上只有一碟姜、一碟盐巴,朱熹的书童看到,心中暗暗不乐,但朱熹并没有在意。

饭后,朱熹取出一部手稿,请郑樵过目指正。郑樵接过放在桌上。接着,他燃起一炷香,室内顿时清香扑鼻。这时,窗外恰好吹来一阵山风,把手稿一页一页地掀开。郑樵一动不动地站着,等到风过去后,他才慢慢地转过身子,把手稿还给了朱熹。两个人开始促膝而谈,一连谈了三天三夜。

朱熹离开草堂后,他的书童不满地说:"这个老先生算什么贤人?他对您太无礼了。招待客人,无酒无肴,只有一碟姜、一碟盐。"朱熹说:"那盐不是海里才有的吗,那姜不是山里才有的吗?这是尽山尽海,是大礼啊!"

书童又说:"还有,您的手稿,他连看都没有看。"朱熹又解释道:"你没看到吗?我送他手稿时,他特地燃起一炷香,这是很尊重我啊!风吹开稿页那阵子,他就已经把稿子看完了。他跟我提了不少好意见,还能把我手稿里的原句背出来,真是令人钦佩。"

书童仍是不平,说:"就算这些有理,但您这么

远跑来见他,离开时,他总该送一送吧。"

朱熹说:"他送到草堂门口,就已尽礼了。一寸光阴一寸金,我们做学问的人,时间都很宝贵啊!"

正说着,前面草丛里突然哗啦一声,一只五色雉鸟从头顶飞过。两人不由得回过头来,却看见郑樵还站在远处的草堂门口前,保持原先送客的姿态,手里拿着一本书,在目不转睛地读着呢。朱熹笑着说:"你看,他还在门口站着,送客都不忘读书,真是个贤人啊!"说完对书童说:"快,我们快快赶路,不然我的读书时间就耽搁了。"

朱熹向朋友学习思考,向名家学习勤奋,终于成为大学问家。现在轮到他来教授更多的年轻人读书的方法与技巧了。那么,朱熹都有哪些读书的妙招呢?我们从他的作品中,来真实感受一番。

观书有感二首

其一

半亩方塘一鉴开,天光云影共徘徊。
问渠那得清如许?为有源头活水来。

> **其二**
>
> 昨夜江边春水生，艨艟巨舰一毛轻。
> 向来枉费推移力，此日中流自在行。

　　这是朱熹最重要的两首谈读书的诗歌。

　　我们先来读读第一首，诗歌的大意是：半亩大的方形池塘像一面镜子一样展现在眼前，天空的光彩和浮云的影子都在镜子中一起移动。要问为什么那方塘的水会这样清澈？是因为有那永不枯竭的源头为它源源不断地输送活水啊。

　　这似是一首写景诗，但其实这是朱熹一生读书学习的总结。那源源不断的活水比喻的就是不断更新的知识。要想让池塘永远保持清澈，就要不断地涌入活水。同样的道理，要想让一个人永远保持清醒的

头脑，那就要不断学习新的知识，更新自己，与时俱进。这是多么透彻而高远的思考。直到今天，我们依然在享受着这首诗歌带给我们的思想的福利。活到老，学到老，与知识同行才能少烦恼。

第二首诗讲到了关于读书的另一个重要思考。

诗歌的大意是：昨天夜里江边涨起了阵阵春潮，巨大的舰船轻盈得如同一片羽毛。以往淘神费力也推不动，今天却能在江水中自在地漂行。

这首诗告诉我们如何攻克难关。读书不一定会立刻见效，但持续不断地学习，就一定能收到成效。当知识的积累到达一定的厚度时，我们会发现，原本无比艰涩的道理，我们可以轻松地理解。就像诗歌中那艘艨艟巨舰，当江水足够深，当浮力足够大，船就会变得像羽毛般轻盈。所以，朱熹老师在这里给我们强调的是"厚积薄发"，努力到了位，功夫不白费。

怎么样？朱熹的认识有没有从思想上影响到你？坚持读书，必有所获；开卷有益，不是秘密。那么，朱熹老师有没有具体的读书方法，可以让我们读得更有效率呢？接下来，就是读书秘籍分享时间：

第十四篇 好读的朱熹

> 余尝谓,读书有三到,谓心到,眼到,口到。心不在此,则眼不看仔细,心眼既不专一,却只漫浪诵读,决不能记,记亦不能久也。三到之中,心到最急。心既到矣,眼口岂不到乎?

朱熹分享了他一生受益的重要读书方法——读书要三到,即心到,眼到,口到。道理讲得非常通透,心思不在书本上,那么眼睛就不会仔细看,心和眼既然不专心致志,只是随随便便地读,就一定不能记住,即使记住了也不能长久。所以,三到之中,心到最重要。心既然已经到了,眼和口难道会不到吗?

看起来是一个简单的读书方法,但如果坚持这样去读,你就能真正走进书的世界,享受到读书的快乐。

鲁迅先生非常赞赏朱熹的三到读书法,

167

不仅如此,他还根据自己的体会,说读书要五到:心到、口到、眼到、手到、脑到。所谓"手到",就是要标记、摘录或者做笔记,不理解或有疑惑的要标出来,写得好的要记下来;所谓"脑到",就是说要边读边想,有自己的思考和判断。

朱熹好读,为后世树立了读书的典范,留下了读书的方法。相信带着朱熹给予我们的深厚馈赠,我们不仅好读书,也将会读书,最终成为精神世界的幸福者。

第十五篇 好战的辛弃疾

辛弃疾（1140—1207），字幼安，号稼轩，历城（今山东济南）人。南宋将领、文学家，豪放派词人，有"词中之龙"之称。与苏轼合称"苏辛"，与李清照并称"济南二安"。

辛弃疾出生时中原已为金人所占，他少年时代就立下了恢复中原、报国雪耻的志向。二十一岁时参加抗金义军，擒杀叛徒张安国，不久回归南宋，献《美芹十论》《九议》等，条陈战守之策。先后在湖北、江西、湖南、福建等地为守臣，招集流亡，训练军队，奖励耕战，打击贪污豪强，注意安定民生。一生坚决主张抗金。晚年韩侂胄当政，一度起用辛弃疾。开禧三年（1207），辛弃疾抱憾病逝，享年六十八岁。

辛弃疾词作艺术风格多样，以豪放为主，沉雄豪迈，慷慨悲壮，题材广阔，善化用典故入词，抒写力图恢复国家统一的爱国热情，倾诉壮志难酬的悲愤，对当时执政者的屈辱求和颇多谴责，也有不少吟咏祖国河山的作品。有《稼轩长短句》等传世。

导 语

我们这一篇的主人公是辛弃疾,他是一个传奇人物,被同代人称为"一世之雄","有文武材,伟人也",后来的康熙皇帝也对他的事迹感叹不已,说纵观辛弃疾一生的经历,真的不能说宋王朝没有人才,是宋高宗不能任用人才呀!如果让辛弃疾得遇周宣王、汉光武帝这样的圣明君主,必然能成就更伟大的事业。

辛弃疾生于山东济南,这在当时属于金统治区。他的祖父辛赞因为无法南下,在金朝做官,但心中不忘故国,常常带着辛弃疾登高望远,指画山河,想到中原失地,就愤然不平。这让辛弃疾从小便立下了收复中原、报仇雪耻的志向。

绍兴三十一年(1161),金主完颜亮大举南侵,北方的汉人愤怒不已,纷纷起义。二十一岁的辛弃疾也拉起了一支两千多人的队伍，前往投靠山东的耿京起义军，做掌书记。辛弃疾有个叫义端的僧人朋友，他说服义端，也来投靠了耿京。

谁知这个义端不怀好意，一天晚上偷走了耿京的大印，准备献给金人邀功请赏。耿京大怒，向辛弃疾问罪。辛弃疾羞愧难当，激愤之余，向耿京立下誓言：三天之内夺回大印，诛杀叛徒。他骑着一匹快马，终于追上了义端，斩杀了义端，取回了大印，回报耿京。

1162年，辛弃疾奉耿京的命令，南下与南宋朝廷联络。然而在归途中，却突然得到了一个噩耗。起义军首领耿京被叛徒张安国杀害。辛弃疾异常愤怒，

大叫道："不杀安国，誓不为人！"可是，张安国已经带着耿京的首级逃到了金人的大营之中，面临重重防护，如何报仇？

辛弃疾并没有退缩，他组织了一支五十多人的骑兵队，挥刀冲入金兵营中。当时张安国正在和金将饮酒，还没来得及叫喊，就被辛弃疾缚到马上，疾驰而归。金人怎么也没想到，这么少的人也敢来劫营；叛徒张安国更是万万没有想到，自己躲在这么安全的地方，居然一夜之间就被辛弃疾生擒活捉。辛弃疾带着抓获的叛徒，聚集耿京余部万人，日夜兼程，南渡归宋，后来在临安将张安国斩首示众。

南归后的辛弃疾被任命为地方官。他满怀报国热忱，一心想要有所作为。他献《美芹十论》《九议》，分析敌我双方形势，提出抗战方略。但他的意见并没有被统治者采纳。南宋朝廷偏安一隅，屈膝事敌，不思收复失地。辛弃疾在地方为官，空有安邦定国的才华，也无法施展，只能将本领用在镇压农民起义等事务上。

但辛弃疾始终没有动摇恢复中原的信念，他把满腔激情和对国家、民族命运的关切，寄寓在词的创作之中。现在我们就通过他的词作，去感受他的铮铮铁骨、无限豪情吧。

破阵子·为陈同甫赋壮词以寄之

醉里挑灯看剑,梦回吹角连营。八百里分麾下炙,五十弦翻塞外声。沙场秋点兵。

马作的卢飞快,弓如霹雳弦惊。了却君王天下事,赢得生前身后名。可怜白发生。

辛弃疾一生中,曾经结交了一位志同道合的好友——陈亮,字同甫。题目中"为陈同甫赋壮词以寄之",意思就是作豪词赠予陈亮。

写作此词时,距离辛弃疾戎马军前已经过去了二十来年的时光。起义失败,回到南宋后,辛弃疾在地方为官,他安定民生,积极训练,渴望再次进军中原。然而,朝廷不思进取,对辛弃疾采取了闲置的处

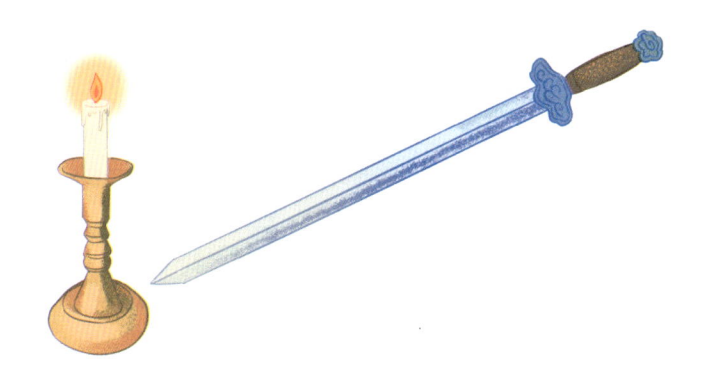

理，辛弃疾壮志难酬，苦闷不已。他只好在词作中来指点江山，激扬文字：

借酒浇愁，挑灯看剑。剑犹带寒霜意，人却已闲居。现实生活中无法实现，只好带着这份战斗的执念，到梦里去寻觅。恍惚间，天色已然破晓，连绵一片的军营里响起了雄壮嘹亮的号角声。将军把大块的牛肉分拨给将士们，犒劳三军。军乐队奏起高亢激越的战歌，助长军威。在秋风肃杀的沙场上，军容严整，士气高昂，准备出征。

一生力主北伐的辛弃疾终于了却了心愿：大战如期而至。辛弃疾骑着如的卢的骏马，带领将士们，风驰电掣冲向敌军；角弓强硬，箭出如雨，声如霹雳，惊心动魄。敌人溃败，大战终结，英勇的将军收复了中原，完成了为君王统一国家的伟业，赢得了生前死后不朽的英名。

到此为止，都可以说是"壮词"，然而在不思进取的南宋朝廷，却没有实现"壮词"的条件。"可怜白发生！"梦，最终会醒。那个在梦境中功成名就的将军回到了现实，百感交集，从情感的高峰中骤然坠落。此刻才发现，那振奋人心的号角声，那激烈拼杀的战场，那辉煌的胜利，那千秋的功绩，不过都是梦中的虚幻而已。醒来后的自己，不过是虚度光阴，报国无门。这"白发生"的慨叹,带有多么沉重的苦闷、焦虑与愤怒……

辛弃疾是可怜的,然而并没有谁来可怜他,他写了这么一首"壮词",献给与他处境相似、同样可怜的陈同甫。

永遇乐·京口北固亭怀古

千古江山,英雄无觅、孙仲谋处。舞榭歌台,风流总被、雨打风吹去。斜阳草树,寻常巷陌,人道寄奴曾住。想当年,金戈铁马,气吞万里如虎。

元嘉草草,封狼居胥,赢得仓皇北顾。四十三年,望中犹记,烽火扬州路。可堪回首,佛狸祠下,一片神鸦社鼓。凭谁问:廉颇老矣,尚能饭否?

这首词作于宋宁宗开禧元年,也就是公元1205年,辛弃疾此时已经六十六岁了。两年前,他被执政的主战派韩侂胄起用,任绍兴知府兼浙东安抚使,次年转镇江知府。上任后的辛弃疾,一面积极布置军事进攻的准备工作，一面又对当权者轻敌冒进的思想忧心忡忡。

他来到京口北固亭，登高眺望，怀古忆昔，心潮澎湃，感慨万千，于是写下了这篇词中佳作。这首词一共讲到了六位古人的故事，我们来一一揭晓。

"千古江山，英雄无觅、孙仲谋处。"孙仲谋是指三国时期吴国的孙权。孙权曾经建都京口，在这里开启了东吴的盛世。曹操与孙权相持对战，曹操不能攻破吴军，又见吴军阵容整肃，孙权英武非常，颇为羡慕，发出"生子当如孙仲谋"的赞语。孙权曾是这片土地上叱咤风云的人物，但现在这样的英雄已经无处寻觅了。词人也是借此感慨英雄不再、后继无人。

第十五篇　好战的辛弃疾

"斜阳草树，寻常巷陌，人道寄奴曾住。""寄奴"也是一位响当当的人物，他就是南朝宋的开国皇帝刘裕。刘裕起自草泽，战斗力惊人。他在位期间，两次发动对北方的战争，先后灭掉南燕、后秦，收洛阳、长安，军队战力可以说所向披靡——"想当年，金戈铁马，气吞万里如虎。"如今，北伐再次被朝廷提上日程，辛弃疾当然会想起这位在京口创造了南朝宋的辉煌的刘裕，难免壮心不已，激情踊跃。

"元嘉草草，封狼居胥，赢得仓皇北顾。"这里说的是南朝宋文帝刘义隆的故事。刘义隆是刘裕的儿子，他继承父志，自即位以来，就有"恢复河南之志"，他曾三次北伐，都没有成功，元嘉二十七年（公元450）最后一次北伐，败得尤为惨烈。这里词人是用刘义隆的失败教训，提醒南宋统治者以史为鉴，妥善筹划，切忌冒进。

"封狼居胥"是用了汉朝名将霍去病的典故。汉武帝元狩四年（公元前119），霍去病率领骑兵，奔袭两千余里，歼敌七万多人，取得对匈奴的极大胜利。战后，大汉王朝在狼居胥山祭天，以庆祝胜利，史称封狼居胥。

刘义隆轻信王玄谟的话，幻想封狼居胥，所谓"闻玄谟陈说，使人有封狼居胥意"，但他急于事功，没有充分听取老将的意见，轻启战端，结果一败涂地。具有讽刺意味的是，针对刘义隆"封狼居胥"的豪言，北魏君主拓跋焘也发出了"饮马长江"的回击，并且说到做到，兵分五路，大举南下，从黄河北岸一口气打到了长江北岸的扬州，吓得刘义隆亲自登上建康城幕府山向北边观望形势。

辛弃疾虽然急于求战，但绝不忙乱，使用仓皇北顾的典故，就是提醒当权者，不可重蹈覆辙。

"可堪回首，佛狸祠下，一片神鸦社鼓。""佛狸"是北魏君主拓跋焘的小名。当年北魏的军队打到了长江边，便在长江北岸的瓜步山上修建了行宫，就是后来的佛狸祠。然而，时过境迁，长江北岸的人民不知道这佛狸祠曾是入侵者的行宫，反而把它当作神圣的地方加以朝拜。这不禁让辛弃疾痛心疾首，因为他仿佛已经看见，随着岁月的流逝，北方沦陷区的人民，正在忘记入侵者的罪恶。收复河山，刻不容缓，这也许就是辛弃疾积极主战的一个重要原因吧。

"凭谁问：廉颇老矣，尚能饭否？"最后这一位名人，是战国四大名将之一的廉颇。廉颇是赵国名将，战功卓著，但因为受到排挤，就离开赵国投奔了魏国。后来赵王想重新起用廉颇，就派使者去探望他，看廉颇身体是否康健。廉颇见到使者后，非常高兴，当着使者的面，吃了一斗米饭、十斤肉，还披甲上马，大显武艺，以表示堪当大用。可惜的是，这赵王派来的使者早已经被廉颇的仇人郭开买通，他回到赵国后，回禀赵王说："廉颇将军虽然年龄很大了，但胃口还很好。不过，在和我对坐谈话的时候，不长的时间里就上了三次厕所。"（古人认为频繁上厕所是衰老的表现。）赵王听了长叹道："廉将军老了，不能再用了。"便再也没有起用廉颇的念头。

已经六十多岁的辛弃疾，重新被朝廷起用，他不由自主地联想到了这位著名的老将军，把自己比作廉颇，向朝廷表决心，显示能力，同时也表露了自己的担忧。他忧心自己会再次被弃而不用，用而不信，甚至被奸人所害。可不管怎么说，他渴望抓住这最后的机会快意一战，去实现人生的理想。

最终的事实证明，辛弃疾的担忧并不是空穴来风。不久之后，他就被罢免了官职，直至去世也没能见到中原的统一。

一生"好战"的辛弃疾，渴望的是国家的统一，人民的幸福。他"好战"的背后，是大写的英雄气节。